BRAND
FORMANCE

BRANDFORMANCE

O IMPACTO DA
INFLUÊNCIA

Gente
editora

Diretora
Rosely Boschini

Gerente Editorial Sênior
Rosângela de Araujo Pinheiro Barbosa

Editora
Natália Domene Alcaide

Assistente Editorial
Mariá Moritz Tomazoni

Produção Gráfica
Leandro Kulaif

Preparação
Gleice Couto

Capa
Rafael Matos

Adaptação de Capa
Márcia Matos

Projeto Gráfico e Diagramação
Márcia Matos

Revisão
Andréa Bruno

Impressão
Edições Loyola

Dados Internacionais de Catalogação na Publicação (CIP)
Angélica Ilacqua CRB-8/7057

Spallicci, Renata
    Brandformance : o impacto da influência / Renata Spallicci. - São Paulo : Editora Gente, 2024.
    192 p.

ISBN 978-65-5544-534-3

1. Desenvolvimento profissional I. Título

CDD 658.3   24-4050

Índices para catálogo sistemático:
1. Desenvolvimento profissional

NOTA DA PUBLISHER

No cenário profissional atual, é cada vez mais comum precisarmos lutar para afirmar nossa autoridade e autenticidade em meio à vasta concorrência. Todos querem deixar sua marca, mas nem sempre possuem o embasamento necessário para se destacar de verdade. A proliferação de vozes falando sobre os mesmos temas, muitas vezes sem a profundidade requerida, torna ainda mais desafiador para o profissional sério e comprometido conseguir se destacar.

Nesse contexto, Renata Spallicci sempre foi um exemplo admirável e inspirador. Seja liderando a Apsen Farmacêutica, palestrando ou brilhando como rainha de bateria, Renata construiu uma trajetória marcada pela excelência e pela capacidade de deixar uma marca indelével em tudo o que faz. Ela não apenas fala sobre o que sabe, mas vive intensamente cada um desses papéis, transformando-se em uma referência em cada área em que atua.

Com base em sua própria jornada e na observação e estudo de outras grandes personalidades que conseguiram se destacar, Renata se propõe a ajudar aqueles que têm algo para dizer a serem realmente ouvidos, a conquistarem o seu lugar de relevância e autoridade. Em *Brandformance: o impacto da influência*, ela compartilha estratégias práticas e insights valiosos que combinam a construção de uma marca pessoal sólida com a busca pela alta performance profissional, oferecendo um caminho claro para quem deseja se destacar de maneira autêntica e poderosa.

Convido você a mergulhar nesta leitura transformadora e a descobrir como, assim como fez Renata, é possível criar uma marca pessoal que não apenas se destaque, mas que seja um reflexo genuíno de quem você é e do impacto que deseja causar no mundo. Boa leitura!

ROSELY BOSCHINI
CEO e Publisher da Editora Gente

Aos sonhadores incansáveis, que ousam ir além, acreditando na força de sua autenticidade e na grandiosidade de seus propósitos. Este livro é para aqueles que não se conformam com os caminhos já trilhados e escolhem desenhar seus próprios mapas, deixando um legado único no mundo.

Aos meus pais, Renato Spallicci e Martha Wicks de Farias, que foram e sempre serão meus maiores exemplos e amores, minha gratidão eterna. Vocês me ensinaram a acreditar em mim mesma, a sonhar alto e a perseverar diante de qualquer desafio. É com a força e os valores que vocês me transmitiram que ofereço este livro, na esperança de que ele inspire outros a encontrarem a coragem para perseguir seus próprios sonhos.

Às minhas irmãs, que são parte inseparável de minha jornada. Desejo que vocês se sintam absurdamente realizadas, e que em seus caminhos encontrem a mesma força, amor e autenticidade que me guiam diariamente. Ver o sucesso de cada uma de vocês é minha maior alegria e constante inspiração.

Dedico este livro também a Silvio Monteiro e Vinicius Carvalho, meus mentores literários, que têm sido pilares fundamentais em meus projetos. Vocês me ajudaram a transformar ideias em realidade, guiando-me com sabedoria e inspiração. Sou imensamente grata por cada conselho, cada palavra de apoio e por acreditarem em meu potencial.

E, acima de tudo, dedico este livro a você, que está em busca de viver plenamente sua verdade, que deseja deixar uma marca profunda e significativa no mundo. Que esta obra seja uma fonte de inspiração e uma ferramenta poderosa para trilhar um caminho que ressoe com sua essência e propósito.

AGRADECIMENTOS

A realização deste livro só foi possível graças ao apoio e à dedicação de muitas pessoas incríveis. Ao meu time, que esteve ao meu lado em cada etapa deste projeto, minha gratidão eterna. Cada um de vocês contribuiu de forma única para que este livro se materializasse, e sou profundamente agradecida por seu empenho e compromisso.

Quero expressar um agradecimento especial à Bruna Karina, minha fiel escudeira nesta jornada. Você esteve ao meu lado durante todo o processo de escrita e revisão, trazendo sabedoria, paciência e um olhar atento a cada detalhe. Sua dedicação foi fundamental para que este livro tomasse forma.

À Editora Gente, pela parceria e confiança depositada em mim, e especialmente à Rosely Boschini. Sua orientação como mentora tem sido inestimável, e seu apoio tem me guiado em minha carreira como escritora. Acredito profundamente em nossos projetos graças à sua fé e visão, que têm sido faróis para mim.

Aos meus queridos amigos, que têm sido pacientes e compreensivos com minhas renúncias e ausências ao longo desta jornada. Mesmo quando não pude estar presente, vocês continuaram apoiando meus sonhos e acreditando em mim. Eu amo muito cada um de vocês, e sou grata por tê-los ao meu lado, mesmo nos momentos mais desafiadores.

E, ao longo de toda a jornada de criação deste livro, desde as pesquisas iniciais até a última revisão, a companhia dos meus amados animais foi uma fonte constante de alegria e serenidade. Aos meus cachorros, ao meu gato Irish e à minha cacatua Chantilly, agradeço por estarem sempre ao meu lado, trazendo sorrisos e aquecendo meu coração com sua presença adorável. Vocês foram uma parte fundamental deste processo, tornando cada etapa mais leve e especial. Sou imensamente grata por terem sido meus fiéis companheiros, tornando esta jornada ainda mais significativa e doce.

SUMÁRIO

PREFÁCIO

Construir uma carreira é uma aventura cheia de desafios, reviravoltas e, claro, muitos aprendizados. Quando comecei minha jornada no mundo do entretenimento, saindo de um reality show para encarar a vida pública, nunca imaginei que estaria, anos depois, escrevendo o prefácio de um livro sobre marca pessoal, por exemplo. Mas aceitei com todo carinho o convite da Rê Spallicci porque me identifico com tudo que ela compartilha nesta obra, além de me inspirar em sua trajetória.

Quando olho para trás, para aquela menina de Penápolis que sonhava em conquistar o mundo, percebo que o que me trouxe até aqui foi muito mais do que simplesmente estar na frente das câmeras. Foi sobre construir uma marca pessoal autêntica, baseada em quem eu sou de verdade. E é exatamente isso que a Rê aborda em *Brandformance: o impacto da influência*.

Quando comecei minha jornada, não imaginava que minha autenticidade se tornaria minha maior força. Lembro de todas as dúvidas e incertezas, mas com cada passo eu escolhi seguir meu coração, ser verdadeira e me conectar com as pessoas de forma genuína. E o ser autêntico é uma parte importante da equação da construção de uma marca pessoal, mas não é a única! Com o tempo percebi que essa construção vai muito além do que mostramos nas redes sociais ou na televisão. É sobre consistência, sabe? Sobre valores e sobre como nos relacionamos com as pessoas e as oportunidades que surgem. Foi assim que passei de apresentadora para empresária e foi assim que nasceu a Sato Rahal, minha empresa focada em agenciamento artístico e gestão de carreira. Ela não cuida apenas da minha imagem, mas da de dezenas de produtos e projetos que refletem quem eu sou.

Desde a minha participação no *Big Brother Brasil* até me tornar esta apresentadora, influenciadora e empresária que sou hoje, sempre soube que, para me manter relevante e inspirar as pessoas, eu precisaria entregar mais do que o esperado. Entendi que a combinação de autenticidade com alta performance é o que realmente sustenta uma trajetória de sucesso. Você precisa ser quem é, mas também precisa entregar resultados consistentes. E isso a Rê nos mostra muito bem nesta obra: que, para sustentar uma marca pessoal forte, a alta performance precisa caminhar junto. Não basta sermos quem somos – precisamos sempre buscar ser a melhor versão de nós mesmos, em tudo o que fazemos.

Acredito que o sucesso na construção de uma marca pessoal reside em não ter medo de evoluir e se adaptar. A cada nova fase da minha carreira, me reinventei sem perder a minha essência, sempre com um olhar atento às tendências e às novas formas de comunicar. E foi esse equilíbrio entre curiosidade, inovação e autenticidade que me permitiu expandir minha marca para além da mídia, tornando-a um verdadeiro ecossistema.

Uma das lições mais valiosas que aprendi ao longo dos anos é que cada escolha que fazemos reflete na nossa marca pessoal, desde a maneira como nos apresentamos até as causas que apoiamos, tudo contribui para o nosso legado. E um dos pontos mais importantes é entender que nada disso é construído da noite para o dia. Requer intenção, propósito e muita dedicação. É um trabalho constante de alinhamento entre o que somos e o que desejamos representar para o mundo.

Esse livro é um guia para quem deseja entender que influência não é só sobre números ou visibilidade, mas sobre deixar um legado. Eu sempre senti que, para criar algo duradouro, é preciso ser fiel a quem você é e aos seus valores, e a Rê entende isso de uma forma muito especial. Ela não fala apenas sobre construção de marca pessoal como um fim em si mesmo, mas como um meio de gerar transformação, tanto em nossa própria vida quanto na vida das pessoas que tocamos. Ser influente é ter a responsabilidade de usar nossa voz para o bem, para inspirar, educar e abrir caminhos para quem nos acompanha.

Brandformance nos ensina que o verdadeiro poder da influência está em como integramos nossos valores pessoais em tudo o que fazemos. E acredito que é isso que transforma a influência em algo realmente poderoso – quando usamos nossa plataforma para tocar as pessoas de maneira positiva, verdadeira e impactante. Pegue este livro, leia com atenção e se permita refletir sobre a marca que você quer deixar no mundo. A Rê tem muito a ensinar sobre como transformar influência em legado, e como ser lembrado não apenas pelo que fazemos, mas pelo que representamos. No final das contas, o verdadeiro sucesso está em sermos nossa melhor versão, viver com propósito e, claro, buscar a alta performance em tudo que fazemos.

Boa leitura!

Sabrina Sato

Apresentadora, atriz, modelo e empresária

INTRODUÇÃO

IGNIÇÃO: ACENDENDO A SUA FAÍSCA INTERIOR

Hoje, vive-se um momento em que marcas pessoais estão se profissionalizando e marcas corporativas estão se humanizando.

Se eu convidar meus familiares, amigos, aqueles que me conhecem, que convivem comigo, para me definir com uma só palavra, acredito que a escolha da maioria será: intensa. A Renata é intensa!

Sim, intensidade sempre foi meu combustível. Para mim, viver é transbordar, é se entregar por completo a cada desafio, é não aceitar a superfície e o raso.

Foi justamente essa paixão pela vida, essa ousadia, que me impulsionou a escrever este novo livro. Na verdade, posso dizer que tive duas grandes motivações. A primeira e mais óbvia tem a ver com o desejo das pessoas em construir suas marcas pessoais. Sim, diariamente sou abordada tanto nas redes sociais quanto pessoalmente por pessoas que demonstram um interesse sincero nesse assunto. Elas confessam enfrentar dúvidas e dificuldades na mesma proporção (ou ainda maiores) que essa vontade.

Se a primeira motivação surgiu desse pedido de ajuda das pessoas, a segunda já percorreu o caminho inverso: nasceu em mim e foi em direção às pessoas, veio da minha fé inabalável nas pessoas e em tantos exemplos lindos que temos neste mundo. Tenho o privilégio de conviver com indivíduos excepcionais que admiro profundamente. E, ao longo dos anos, quanto mais convivo com essas pessoas, presenciando como vivem seu propósito com toda verdade, causando transformações sociais, inovações em seus nichos e alcançando o sucesso, mais o meu lado inconformado deseja que essas pessoas furem as suas bolhas e ampliem seu alcance.

Sinto como se o mundo, ou melhor, a humanidade, estivesse perdendo por deixar de ser influenciado por propósitos e pessoas verdadeiras, simplesmente porque talvez não conheçam o caminho para produzir esse impacto. Elas sabem quão importante é ter uma marca pessoal forte, mas trabalham em alta performance, e isso já demanda delas muita atenção e dedicação. É difícil colocar mais alguma tarefa na agenda, em meio a tantas prioridades.

E, assim, a vida passa. O tempo passa, as oportunidades passam, tudo sempre passará... e não voltará jamais.

Foi esse choque, entre uma chama interna de querer (e poder) ser mais e as barreiras externas que impedem esse florescer, que me inspirou a compartilhar minha jornada e a criar o método Brandformance.

NÃO APENAS SER DIFERENTE, MAS FAZER A DIFERENÇA

Eu me enxerguei como marca muito cedo, mas isso não significa que o processo de construção dela tenha sido rápido ou simples. Ao contrário, foi um processo longo e árduo, até porque à época as referências de marcas pessoais de sucesso, dentro do universo corporativo, eram majoritariamente masculinas. As poucas mulheres presentes nesse cenário tinham suas imagens 100% associadas apenas às suas marcas empresariais. Entretanto, eu sempre senti que meu propósito ia além do meu sobrenome corporativo. Eu não queria ser a executiva Renata Spallicci, mas sim a Renata Spallicci em toda sua essência e autenticidade.

E foi essa construção da minha marca pessoal que me trouxe até aqui. Mas, antes de prosseguir, penso que vale um alerta: talvez seja difícil para você, que está lendo este livro e ainda não me conhece, entender que minha marca pessoal não me coloca em uma caixa. Atuo corporativamente como vice-presidente de uma das maiores indústrias farmacêuticas do país, faço parte de associações de referência no setor, como IBGC, Sindusfarma e FarmaBrasil, sou escritora best-seller (este já é meu quarto livro), mentora de negócios, formadora de líderes, palestrante, mas também sou atleta de fisiculturismo, apaixonada por moda e rainha de bateria de uma das escolas de samba mais tradicionais do carnaval de São Paulo.

Juntar todas essas Renatas em uma marca pessoal forte, que traduzisse a mulher multifacetada que sou, não foi tarefa fácil, pois minha trajetória não foi uma linha reta. Enfrentei altos e baixos, desvios inesperados e aprendizados constantes. Cada obstáculo foi uma chance de crescer, e cada curva no caminho me moldou e me trouxe até aqui. O que fez diferença foi, sem dúvida, a intencionalidade e a busca incessante por excelência e inovação. Não quero apenas ser diferente, quero fazer a diferença!

Esse desejo de impactar pessoas somado à descoberta de que não havia mulheres para me inspirar na construção de minha marca pessoal fizeram nascer em mim o propósito de inspirar e abrir caminho para outras pessoas, em especial para as mulheres.

Mas se me faltavam exemplos inspiradores fora, a minha jornada interior não decepcionou. Afinal, marca pessoal é um conceito que está totalmente atrelado ao seu propósito e, portanto, é fundamental o autoconhecimento ao longo da jornada. Assim, minha marca foi também evoluindo à medida que eu investia em meu desenvolvimento pessoal. E como investi nisso! Tanto que transbordei...

Atualmente tenho uma atuação muito mais ampla, falando com diferentes perfis e segmentos. Tanto que hoje carrego também a bandeira da diversidade, me dedicando e me esforçando para que todos se sintam representados. Claro que inspirar e apoiar mulheres, abrir caminho para elas, faz parte de quem eu sou, é o meu propósito, mas entendi que minhas contribuições podem e devem impactar um leque muito maior de pessoas.

Esse posicionamento e a constância nas minhas ações trouxeram conquistas que celebro com muito orgulho. Na última década, impactei mais de 7 milhões de pessoas com meus conteúdos, tenho mais de mil artigos publicados, sou colunista na *IstoÉ* e no *Money Times*, viajei o Brasil com minhas palestras, tornei-me palestrante TedX e Top Voice no LinkedIn e fui reconhecida diversas vezes pela minha liderança e gestão. Não se engane: quando falo de orgulho, não me refiro a um sentimento meramente pessoal ou egocentrado. Estou falando do orgulho e da alegria de poder se sentir pertencente, de poder fazer parte e ajudar a construir algo muito maior.

Não tenho receio em dizer que todos esses resultados, as conquistas e a forma como cheguei a eles me capacitaram e me prepararam para desenvolver o método Brandformance, um ecossistema que nasce do conceito deste livro e se expande para uma plataforma de desenvolvimento de marca pessoal.

O livro *Brandformance* é uma jornada transformadora que vai conduzir você desde o despertar de sua faísca interior até a conquista de uma marca pessoal forte e autêntica, capaz de gerar impacto e deixar um legado duradouro. Estruturei o conteúdo pensando em uma sequência lógica que facilite o entendimento e a aplicação prática dos princípios apresentados.

Minha expectativa é que, durante a leitura, você vivencie uma transformação completa na maneira como vê e constrói sua marca pessoal. Você aprenderá a se destacar, a quebrar moldes, a valorizar seus talentos e a projetar uma assinatura única no mundo. Com estratégias práticas e aplicáveis, o livro servirá como guia na construção de sua autoridade, no fortalecimento da sua influência e na gestão da sua reputação, integrando princípios de ESG e expandindo seu ecossistema pessoal.

Este livro é um tributo à resiliência e à coragem. É um convite para você transformar sonhos em realizações (e, se isso lhe soa familiar, é um sinal de que você é mesmo um leitor fiel dos meus livros, oba!), para buscar seu propósito e deixar seu legado. Meu desejo é que minha história e meu método acendam em você a faísca necessária para construir uma marca pessoal que não apenas se destaque e faça a diferença para você mas também impacte o mundo. Se com esta obra eu puder fazer – um pouquinho que seja – parte disso, terei cumprido meu objetivo!

CAPÍTULO 1

CONSTRUIR SUA MARCA PESSOAL NÃO É MAIS UMA OPÇÃO

Em um mundo que muda a um ritmo vertiginoso, a sensação de inconstância e impermanência pode ser avassaladora.

Tenho certeza de que esta história já aconteceu com você: uma pessoa de uma área que você domina é alçada ao sucesso, seja no trabalho, nas redes ou na mídia, e você pensa: "Poxa, mas realmente ela é demais. Preciso estudar mais, aprender mais, me esforçar mais se um dia quiser ter esse reconhecimento".

Mas, conforme vai acompanhando essa pessoa, você vê que o conhecimento dela não é tão sólido quanto imaginava. Há temas, inclusive, que você percebe que ela nem domina tão bem, mas quem é você para contradizer a "estrela" da companhia, da empresa, das redes sociais ou da mídia?

O tempo vai passando, e você, em silêncio e até com certa vergonha de ser tão "prepotente", começa a achar que aquela tal autoridade do tema não tem mais conhecimento que você sobre determinado assunto e, "se perigar, fala até umas grandes besteiras".

E aí, finalmente, você chega àquele ponto em que admite (só para si mesmo, porque não quer parecer despeitado na frente dos outros): eu sou muito melhor que essa tal "autoridade" que é tão referenciada, mas acho que não tenho sorte mesmo, ou ela tem alguma coisa que eu não tenho...

Pois é, e eu lhe respondo: sim, ela tem alguma coisa que você não tem. Mas a palavra aqui não é "sorte"; o que ela tem é algo que, por muito tempo, quase todos nós negligenciamos: uma marca pessoal bem consolidada!

Mas alto lá! Com esse exemplo, não quero de modo algum transparecer que ter uma marca pessoal forte prescinde de se ter conhecimento ou que só tem marca pessoal forte quem não se garante em outras competências. Muito pelo contrário.

O que afirmo, com a certeza de quem está há mais de vinte anos em posições de liderança no mercado corporativo e construiu uma marca pessoal forte e autêntica, além de uma presença expressiva nas redes sociais e na mídia, é que você pode ser o melhor naquilo que faz, mas, se não investir em sua marca pessoal, você não conseguirá se destacar na multidão e se sobressair, seja para uma promoção, para um novo emprego, um projeto diferente ou para se tornar uma autoridade na área em que atua.

E não se engane. A necessidade de se criar uma marca pessoal não é um desafio que surge com as redes sociais nem se resume a elas, como muitas vezes tendemos a acreditar. Ter uma marca pessoal forte sempre foi um grande diferencial, mesmo muito antes de as redes sociais ganharem todo esse poder que têm hoje.

Afinal, quem não conhece Abilio Diniz como um grande empresário, preocupado com questões como qualidade de vida, que mantinha uma academia para seus funcionários e era um grande incentivador dos esportes?

Aliás, aqui abro um parêntese. Abilio Diniz foi um dos primeiros empresários brasileiros a entender a importância de uma marca pessoal forte e autêntica. Lembro-me do impacto causado por uma capa da revista *Veja* em que o fundador de uma das maiores redes varejistas do país aparecia mostrando seu corpo musculoso![1] Foi algo bem arrojado para a época, e essencial para ele construir uma imagem associada ao esporte e à vida saudável. Deu muito certo!

Como sempre fui apaixonada por esportes e já cultivava minha paixão pela musculação, lembro-me de que achei o máximo. E até me sentia honrada quando alguém me chamava de Abilio Diniz de saias (apesar de que agora, vendo em retrospectiva, essa é uma expressão bem machista, né?).

Mas, voltando ao nosso tema, quem não se recorda de Amyr Klink, um aventureiro que realizou uma travessia solitária em um barco a remo no oceano Atlântico e depois viajou rumo à Antártida em um veleiro especialmente construído para a expedição, o *Parati*?

---

[1] VEJA, 7 mar. 2001. ed. 1690, ano 34, n. 9.

Ou Steve Jobs, visionário que criou a Apple em sua garagem e mudou a forma como nos comunicamos e até mesmo vivemos. Mais do que um criador de tecnologia, Jobs imprimiu sua marca pessoal, baseada no minimalismo, que se fazia presente desde sua icônica camiseta preta, jeans e tênis, até o próprio design dos produtos de sua empresa. Tudo comunica uma mesma forma de pensamento, desde as embalagens do produto até a maneira como Jobs os apresentava, um exemplo perfeito de uma marca pessoal totalmente integrada e coerente!

Claro, aqui estou dando exemplos de grandes personalidades e de pessoas que realizaram feitos excepcionais, mas será que nos anos em que Abilio Diniz reinou como o grande empresário brasileiro não havia outros igualmente capazes e vitoriosos? Não tivemos grandes aventureiros, como Klink, com feitos que talvez nem conheçamos? Ok, talvez seja mais difícil comparar com o Jobs e o Gates...

O que quero mostrar aqui é que, muito antes de as redes sociais terem o poder que têm hoje, pessoas que souberam criar e trabalhar uma marca pessoal de forma bastante transparente sempre se posicionaram melhor e alçaram relevância.

MARCAS PESSOAIS PODEROSAS

Há tantas figuras importantes que admiro por terem deixado claro a sua marca pessoal! Acredito ser importante compartilhá-las aqui com você, pois são um exemplo de força.

Uma delas é a Oprah Winfrey. Jornalista, atriz, apresentadora de um dos maiores programas da televisão estadunidense e influenciadora filantrópica respeitada em todo o mundo, Oprah usa a sua força de comunicadora para discutir e jogar luz sobre questões sociais importantíssimas, como o racismo, a fome, a pobreza no mundo, a liberdade, a igualdade e muito mais. A história dela, sem dúvida, inspira! Oprah está entre as pessoas que mais admiro, por sua representatividade como mulher e por tudo que representou para os negros com sua força e defesa de diversas causas!

Outra pessoa que admiro é Eckhart Tolle, autor do meu livro de cabeceira da vida: *Um novo mundo: o despertar de uma nova consciência*.[2] Autor de vários best-sellers sobre iluminação espiritual, como *O poder do agora*,[3] Tolle passou por momentos bastante depressivos em sua vida, viveu uma profunda transformação espiritual e decidiu abandonar sua antiga identidade e promover uma mudança de vida radical. Após essa transformação, o autor desenvolveu uma marca pessoal que transmite a clareza e a simplicidade com que ele nos ensina a viver o presente com todas as nossas forças, sem resistências.

Outra personalidade de força e presença inigualável é Sheikha Moza bint Nasser. Nascida no Catar, ela é a marca da inovação educacional e do desenvolvimento social. Lembro-me de, durante uma visita ao Catar, ficar profundamente tocada ao conhecer a história dessa mulher extraordinária, que usa sua imagem para promover causas nas quais acredita e influenciar mudanças positivas.

Como uma das figuras mais influentes de seu país e fundadora de várias organizações educacionais, incluindo a Fundação Qatar, Sheikha Moza tem trabalhado ativamente para promover a educação, a ciência e o desenvolvimento comunitário em seu país natal e no exterior.

Poderia discorrer aqui sobre várias personalidades mundiais e nacionais, mas não quero evidenciar algumas em detrimento de outras, porque são muitas as que se distinguem nas suas áreas, sabendo escalar um reconhecimento imbatível naquilo que fazem, apenas sendo o que têm de melhor.

Há tantas pessoas incríveis espalhadas por aí. Muitas estão ao nosso lado. Inclusive, quando iniciei o processo de desenvolvimento desta obra, tinha em mente exatamente uma amiga querida que admiro profundamente e é fera em sua área de atuação, mas que, por ainda não se posicionar como marca, tem uma exposição e visibilidade muito aquém de sua capacidade! Ela domina um tema que é essencial nos dias de hoje, governança e compliance, com uma profundidade e um conhecimento incríveis, e certamente poderia compartilhar esse conhecimento ajudando

---

[2] TOLLE, E. **Um novo mundo**: o despertar de uma nova consciência. Rio de Janeiro: Sextante, 2007.

[3] TOLLE, E. **O poder do agora**: um guia para a iluminação espiritual. Rio de Janeiro: Sextante, 2000.

outras pessoas! Ela já tem dado os primeiros passos, muito estimulada por mim, e confesso que morro de orgulho, mas sei que ela ainda tem inúmeras dúvidas, receios e inseguranças (que espero de verdade que este livro ajude a resolver) e, por isso, acaba não se expondo como poderia. E, certamente, se olhar ao seu redor, ou até para si mesmo, você perceberá que há muitos casos como o dela!

É PRECISO MOSTRAR QUEM VOCÊ É, A SUA ESSÊNCIA

O que talvez tenha mudado com o advento das mídias sociais é que agora você não precisa mais ser alguém de extraordinário prestígio como as personalidades citadas há pouco para precisar investir em sua marca pessoal. Se, antes, essas personalidades detinham um staff de profissionais e assessores de imprensa e mídia para construir e divulgar sua marca pessoal, hoje qualquer adolescente com um celular em seu quarto já está criando, propagando e vendendo a própria marca – e é com pessoas assim que você está competindo lado a lado no mercado de trabalho!

Portanto, desculpe se posso parecer catastrófica, mas, ou você investe em sua marca pessoal agora, ou você está fadado ao fracasso. Sim, porque vivemos em uma época na qual não podemos somente ser, temos que ser e mostrar o que somos, e, não, não há como você fugir disso!

Quer um dado para ilustrar essa informação? Aí vai: 85% dos recrutadores afirmam que a presença on-line positiva de um candidato influencia positivamente suas decisões de contratação.[4] A verdade é que hoje não adianta fazer mil cursos profissionalizantes, mentorias fantásticas e uma porção de *masterclasses*. Claro que formação acadêmica, títulos e certificados são essenciais, mas infelizmente eles por si só não provam competência ou o valor pessoal de alguém. É preciso praticar o que você sabe e, em especial, mostrar o seu valor, o seu conhecimento – isto é, evidenciar a sua marca

---

[4] 50 SHOCKING Stats about Online Reputation Management [Infographic]. Vendeta Marketing. Disponível em: www.vendasta.com/blog/online-reputation-management-stats/. Acesso em: 13 ago. 2024.

pessoal; é ela quem deve prevalecer no seu currículo. Afinal, a competição é gigantesca e cada um de nós deve ter um holofote pronto para fazer a si mesmo brilhar, iluminando o próprio perfil!

É aí que surge um novo problema que precisamos resolver. Em um mundo cada vez mais conectado e competitivo, descobrir e desenvolver uma marca pessoal autêntica se tornou um desafio monumental para muitas pessoas.

A marca pessoal não é apenas sobre como os outros nos veem, mas também sobre como nos vemos e como comunicamos ao mundo nossa identidade, nossos valores e propósitos. Infelizmente, essa tarefa, que deveria ser uma jornada de autodescoberta e expressão, frequentemente se transforma em um processo complexo e confuso.

Em um ritmo de vida acelerado, no qual as pressões externas e as expectativas sociais muitas vezes ditam nosso comportamento, é difícil encontrar tempo e espaço para refletir sobre quem realmente somos e o que queremos. A pressão para se reinventar constantemente é exaustiva. Em vez de uma evolução natural e gradual, as mudanças abruptas e frequentes acabam forçando as pessoas a ajustar suas marcas pessoais de maneira artificial. Isso resulta em uma desconexão entre o eu autêntico e a imagem projetada, criando uma sensação de inautenticidade. Manter-se atualizado e relevante exige esforço contínuo, e muitos se sentem sobrecarregados e incapazes de acompanhar o ritmo.

Outra dor significativa é a comparação constante. Em um mundo interconectado, no qual todos parecem estar exibindo suas vidas perfeitas nas redes sociais, a comparação pode ser devastadora. Ver outros aparentemente navegando as mudanças com facilidade enquanto você luta para se encontrar pode levar a sentimentos de inadequação e baixa autoestima. Esse ciclo de comparação e autocrítica paralisa o progresso e impede a verdadeira expressão de uma marca pessoal autêntica.

A incerteza sobre o futuro também contribui para essa dor. Com o mundo mudando constantemente, planejar e construir uma marca pessoal que seja duradoura parece uma tarefa impossível. A imprevisibilidade do mercado de trabalho, as mudanças nas demandas de habilidades e até mesmo as alterações nas normas sociais podem fazer com que as pessoas se sintam como se estivessem construindo algo em terreno instável. E se nem eu sei ao certo quem sou, como vou me mostrar ao mundo?

A MARCA PESSOAL NÃO É APENAS SOBRE COMO OS OUTROS NOS VEEM, MAS TAMBÉM SOBRE COMO NOS VEMOS E COMO COMUNICAMOS AO MUNDO NOSSA IDENTIDADE, NOSSOS VALORES E PROPÓSITOS.

BRANDFORMANCE
@RESPALLICCI

Peço licença, agora, para uma pequena digressão. Eu passei por todas essas questões até encontrar a minha marca pessoal. Não pense que um dia acordei com uma receita pronta, fui apenas colocando em prática e tudo aconteceu maravilhosamente bem! Nada disso, atravessei todas as fases: a de admirar muita gente e desejar estar próxima; a de fazer parte de um grupo que depois vi ser só casca, só espuma. Entristeci tantas e tantas vezes ao ver o sucesso de pessoas "de mentira", e por sentir que eu e tantas outras pessoas incríveis nos sentíamos sempre menos, sempre devendo. Caí em muitas ciladas, tentei seguir modismos e tendências, chegando a abrir mão, em alguns momentos, da minha identidade. Felizmente, passou... e hoje percebo que o autoconhecimento foi a corda que sempre me manteve atada ao chão e que não me permitiu desviar do meu eu e do meu caminho.

Sim, porque, muito antes de pensar em minha marca pessoal, sempre senti necessidade de me conhecer, de saber quem sou em meio a tantas mudanças, de me manter única e autêntica em um mundo que tende a nos pasteurizar e engessar. Não à toa, este é o primeiro grande passo para a construção de nossa marca pessoal: o autoconhecimento. Apenas através dele conseguiremos ter a firmeza de nossos propósitos para saber o que somos e o que queremos comunicar.

Aqui entro em uma questão central: muita gente confunde marca pessoal com uma embalagem bonita para mostrar ao mundo. E essa não é a verdade – pelo contrário, isso é tudo o que uma marca pessoal não deve ser!

Marcas pessoais só se sustentam realmente quando refletem quem somos em essência e de modo real.

Evidenciar nossos pontos fortes faz parte da estratégia para a construção da marca pessoal. Mas ter consciência dos nossos pontos fracos é essencial para não nos perdermos no caminho. É crucial reconhecermos que nossas fraquezas e nossos defeitos nos constituem como seres únicos, assim como as nossas virtudes e fortalezas – e é nesse caldeirão de diferenças e possibilidades, inclusive, que está a maravilha da humanidade.

Então, saiba que, no processo de moldagem de sua marca pessoal, você precisará encarar-se de frente, aceitando suas vulnerabilidades e imperfeições. Você deverá se olhar profundamente, sabendo que nem sempre vai gostar do que encontrar. É por isso que esse processo pode ser um pouco doloroso. Mas, acredite, é libertador!

UM EXERCÍCIO DIVERTIDO SOBRE MARCA PESSOAL

A ideia de construir uma marca pessoal já traz em si o conceito de impactar o mundo. Aliás, acredito que, antes mesmo de o termo "marca pessoal" ser utilizado, muitos homens e mulheres impactaram a humanidade deixando sinais de sua marca. Será que as pinturas rupestres não poderiam ser consideradas uma forma primitiva de registro da imagem pessoal? Ou mesmo as pinturas que vemos em museus ilustrando grandes reis, rainhas, nobreza, com acessórios meticulosamente selecionados para representar suas marcas pessoais e transmitir seus feitos para as gerações futuras?

Mas não só de imagens vivem as marcas pessoais. Às vezes, me pego pensando em grandes mulheres e homens da história e em como eram suas marcas pessoais em seu tempo. Como se vestiam e se comunicavam, os eventos que frequentavam, as causas que defendiam. Tudo isso contribuía para a construção da marca pessoal e para a forma como eram reconhecidos e lembrados.

Você já pensou na força da marca pessoal de Jesus Cristo? E quanto aos apóstolos, como seria a marca pessoal de cada um deles se combinássemos suas personalidades e histórias? Com todo o respeito que tenho pela fé e pelas diferentes religiões, decidi brincar um pouco com esse assunto e imaginar como seria a marca pessoal de cada um deles com as estratégias modernas de branding:

1. Pedro: marca pessoal de liderança e confiança, destacando sua origem humilde e transformação em líder. O slogan poderia ser "Construindo fundações sólidas".

2. André: marca pessoal de relacionamento e conexão. Representaria a ponte entre as pessoas e as ideias, com o slogan "Conectando você ao essencial".

3. Tiago, filho de Zebedeu: marca pessoal de paixão e compromisso. Seria visto como alguém que abraça causas com fervor, com um slogan "Paixão que inspira".

4. João: marca pessoal de lealdade e profundidade emocional, focando a sensibilidade e a compreensão, com um slogan como "Veja além do óbvio".

5. Filipe: marca pessoal de curiosidade e aprendizado. Poderia adotar o slogan "Explorar e descobrir", destacando sua busca por conhecimento.

6. Bartolomeu (Natanael): marca da sinceridade e da autenticidade. Seria promovido como alguém em quem se pode confiar, com o slogan "Verdade acima de tudo".

7. Mateus: marca da transformação e renovação. Seu passado como cobrador de impostos e sua mudança destacaria a capacidade de mudar e melhorar, com o slogan "Reinvente-se".

8. Tomé: marca do questionamento e da evidência. Seria o símbolo do ceticismo saudável, com o slogan "Questionar para compreender".

9. Tiago, filho de Alfeu: marca do suporte discreto e da dedicação. Poderia ser visto como o apoio fiel, com um slogan como "Sempre ao seu lado".

10. Tadeu (Judas Tadeu): marca pessoal de esperança e encorajamento. O slogan seria "Inspiração para os desafiantes dias".

11. Simão, o Zelote: marca do ativismo e da mudança social. Seria promovido como um líder revolucionário, com o slogan "Transformando ideais em ação".

12. Judas Iscariotes: marca da advertência e do aprendizado. Essa seria mais complexa, focada em aprender com os erros, com um slogan como "Entenda as consequências".

Como você pode perceber, cada marca reflete aspectos-chave do que se sabe sobre cada um dos personagens históricos e suas respectivas histórias. E isso torna cada um deles único em seu próprio direito no mundo do branding moderno.

A marca pessoal é isso. Considera a personalidade, o que destaca uma pessoa das demais e cria uma definição individualizada de cada uma, algo que resume e congrega os seus diferenciais.

Este é exatamente meu desejo e o meu propósito com este livro: ajudar você a se destacar no meio da multidão, a apresentar o seu valor da maneira mais verdadeira e objetiva possível, de modo a poder acrescentar conquistas e vitórias em todo o seu percurso profissional.

CAPÍTULO 2

SEM MARCA, SEM IMPACTO

A abundância de opções, embora pareça um presente, funciona como um labirinto que dificulta a descoberta de quem realmente somos.

Acredito que, após o primeiro capítulo, a questão sobre a necessidade de construir a sua marca pessoal seja algo indiscutível, certo? Essa é uma realidade da qual não podemos mais fugir!

Isso posto, agora você deve estar se perguntando: "Ok, mas se é algo tão fundamental em nosso tempo, por que ainda temos tanta dificuldade em construir nossa marca?". Bem, em nenhum momento eu disse que seria fácil ou simples, disse? Mas calma! Estamos só no começo, e tenho certeza de que, ao terminar estas páginas, todos esses conceitos estarão bastante claros, e você terá todas as ferramentas necessárias para construir do zero ou aperfeiçoar sua marca pessoal. Vamos lá?

O QUE NOS IMPEDE DE CONSTRUIR NOSSA MARCA PESSOAL

Há três grandes obstáculos para a construção e solidificação de uma marca pessoal. Claro que há outros fatores envolvidos, mas, para efeito de entendimento, essa divisão didática ajudará na compreensão.

PRIMEIRO OBSTÁCULO

Como valorizo demais a autorresponsabilidade sobre nossas vidas e histórias pessoais, vou começar pela dimensão que vai lhe parecer mais incômoda. O primeiro grande obstáculo para a construção da sua marca pessoal é você! Sim, me perdoe por ser tão direta, mas estamos aqui para sermos honestos, e eu preciso dizer isso de uma só vez.

Você vem negligenciando a sua marca pessoal! Fomos criados para acreditar que o trabalho tudo vence e que, se fizermos o nosso quinhão com maestria, seremos fatalmente reconhecidos. Acontece que o mundo mudou, e essa afirmação, que provavelmente nos foi transmitida por nossos pais, fazia sentido nas estruturas de antigamente, mas agora não fazem mais.

Vamos relembrar: as pessoas se formavam, entravam em uma grande empresa, de preferência uma multinacional, e lá faziam carreira por vinte ou trinta anos. Esses anos de casa eram a garantia de promoções e reconhecimento.

Acontece que hoje as carreiras não são mais construídas dessa maneira. Segundo dados do Ministério do Trabalho, a média de tempo que um trabalhador fica no emprego não chegou a dois anos em janeiro de 2023.[5] Apesar de essa redução ser observada em todas as idades, profissionais de 18 a 24 anos têm uma média ainda menor, de apenas nove meses. Quem tem mais de 65 anos permanece em média nove anos em um trabalho.

Ou seja, não dá mais tempo de esperar que o seu trabalho seja reconhecido organicamente – para usar um termo que ficou na moda com as análises de dados das redes sociais. Ou você impulsiona sua carreira e "patrocina" os seus feitos por meio de uma marca pessoal forte, ou seu engajamento despencará... E aqui engajamento diz respeito às ações que suas publicações nas redes sociais provocam nas pessoas, fazendo com que, por exemplo, elas acessem, curtam, comentem e compartilhem seus posts. Mas também no mundo off-line, seu engajamento está relacionado a quanto as pessoas se envolvem, têm afeto e estão compromissadas com você.

Não se posicionar é uma maneira de permitir que outros definam quem você é. Arthur Bender, renomado especialista em branding pessoal, enfatiza que carreiras desgovernadas, profissionais perdidos e marcas pessoais sem valor são o resultado de uma falta de gestão consciente.[6] A maioria dos

[5] KERCHER, S. Buscando qualidade de vida e sentido no trabalho, jovens "pulam" mais de emprego. **CNN Brasil**. Disponível em: www.cnnbrasil.com.br/economia/macroeconomia/buscando-qualidade-de-vida-e-sentido-no-trabalho-jovens-pulam-mais-de-emprego/. Acesso em: 13 ago. 2024.

[6] ENTREVISTA com Arthur Bender - Como criar e fortalecer sua marca pessoal? Staage. Disponível em: https://blog.staage.com/entrevistas/entrevista-arthur-bender-marca-pessoal/. Acesso em: 13 ago. 2024.

profissionais, independentemente da idade ou fase na carreira, não sabe gerenciar as próprias trajetórias, narrativas e marcas pessoais.

Essa falta de gestão consciente resulta em um fluxo passivo ao longo da carreira, no qual os indivíduos são levados pelo acaso. Sem um posicionamento claro, correm o risco de serem definidos por circunstâncias ou percepções alheias. Nesse cenário, quando finalmente perceberem a falta de direção, vão se arrepender profundamente por não terem tomado as rédeas de suas próprias histórias.

Milhares de profissionais excelentes, dedicados e estudiosos de suas funções, perdem as rédeas da própria carreira ou não se dão conta de para onde ela os está levando. Isso é fato! Percebo isso no contato com muitos profissionais dentro da minha empresa e, nesse caso, busco alertá-los para a importância de atentarem ao seu propósito.

SEGUNDO OBSTÁCULO

Fomos levados a crer que nosso "sobrenome" corporativo era nosso principal ativo e a chave para nos abrir todas as portas: "Sou fulana, da empresa Tal"! Sim, a empresa em que trabalhávamos e o cargo que nela ocupávamos se transformavam em nosso sobrenome corporativo. Bastava termos em nosso currículo grandes "sobrenomes" para que nos sentíssemos com uma marca pessoal de valor. Mas até quando vamos continuar criando nossa marca baseada em empresas ou empregos que, muitas vezes, são efêmeros? Nossa marca pessoal não está irrevogavelmente ligada à empresa que representamos.

Esse é um dos maiores erros que os profissionais cometem. E aí é que mora o perigo! Essa visão limitada impede que cuidem de sua marca de maneira autônoma. Assim, muitos profissionais, quando são dispensados de uma empresa, sentem como se tivessem perdido a alma.

Isso me lembra de uma palestra que assisti no começo da minha carreira e que acendeu em mim ainda mais essa necessidade de desvincular a marca pessoal do sobrenome corporativo.

O depoimento foi da Claudia Giudice, uma jornalista que, aos 49 anos, depois de dedicar a vida a uma grande editora e crescer dentro da empresa, foi demitida e se viu sem crachá, sem chão... e sem "identidade". Lembro que a Claudia iniciou sua palestra descrevendo o momento em que tomou consciência dessa perda da própria identidade: lá estava ela, chegando à recepção de um desses prédios comerciais chiques. Quando chegou a sua vez de ser atendida, a recepcionista perguntou seu nome e para qual andar e empresa estava indo. Após a resposta, ela perguntou: 'Claudia de onde?'. Aquela pergunta fez o mundo de Claudia cair; ela não tinha essa resposta. Era a primeira vez que perguntavam isso. Ela dedicou sua vida profissional a uma das maiores editoras do país, cada vez subindo mais na hierarquia da empresa, mas não a prepararam, e ela não se preparou, para uma demissão.

Claudia conta que, após algum tempo de reflexão, foi salva pela escrita. Ela passou a escrever em um blog sobre esse baque que sofrera. Depois de algum tempo, o blog se transformou no livro *A vida sem crachá*.[7] Enfim, Claudia remoeu a dor da demissão – fez do limão, uma limonada – e, depois de processar bem a saída brusca da empresa, resolveu se despir da vida corporativa e mudar radicalmente sua caminhada. Foi parar no litoral norte de Salvador e montou uma pousada pé na areia.

A "vida sem crachá" é um conceito crucial para entender que nossa identidade profissional deve transcender os limites das organizações em que trabalhamos. E talvez tenha sido uma das minhas grandes inspirações para eu me tornar a Renata Spallicci, acima da Renata da Apsen. Isso porque, eu mesma, por muito tempo, achava que ser a "Renata da Apsen" abria mais portas do que ser a Renata Spallicci, acredita?

Entenda: a verdadeira força de uma marca pessoal está em sua independência e sustentabilidade além dos muros corporativos. Ao deixar uma empresa, o crachá fica para trás, mas a marca pessoal – aquilo que você construiu, suas habilidades, sua reputação e sua rede de contatos – permanece com você – independentemente de você ser uma celebridade ou figura pública. Todos deixamos nossas marcas em tudo o que fazemos. Cada interação, cada projeto e cada contribuição são oportunidades para moldar como somos percebidos.

TERCEIRO OBSTÁCULO

Agora que analisamos dois dos obstáculos que nos impedem de construir nossa marca pessoal, chegamos ao terceiro e último deles: a enorme competitividade aliada a uma opção infinita de escolhas e a pasteurização das

---

[7] GIUDICE, C. **A vida sem crachá**. Rio de Janeiro: HarperCollins, 2015.

personalidades. Parece muita coisa junta e misturada, né? E é mesmo, mas vamos caminhando juntos para entender esse conceito.

Vivemos em uma época de extrema competitividade e excessivas possibilidades, na qual a liberdade de escolha, em vez de proporcionar clareza, muitas vezes gera confusão e incerteza sobre nossa verdadeira identidade. A abundância de opções, embora pareça um presente, funciona como um labirinto que dificulta a descoberta de quem realmente somos.

As redes sociais apresentam uma vitrine de vidas aparentemente perfeitas, na qual os sucessos constantes dos outros nos fazem questionar nossas próprias capacidades. Esse ambiente de comparação incessante pode levar à sensação de inadequação e fracasso.

Assim, esse cenário se mostra bastante desafiador, pois essa infinidade de caminhos disponíveis e a constante comparação com os outros minam a autoestima e dificultam a percepção de nossos próprios valores e objetivos.

Em meio a essa realidade, surgem os modelos de sucesso enlatados e os *coachs* de palco, que prometem fórmulas mágicas para a realização pessoal e profissional. A verdade é que as mídias sociais e os influenciadores têm imenso poder sobre a narrativa pública, ditando tendências e comportamentos que são amplamente aceitos e replicados. Essa influência é tão profunda que muitas pessoas, na tentativa de se encaixar em moldes impostos, perdem sua essência e se desconectam de seu verdadeiro propósito e da marca que desejam deixar no mundo. E, assim, a autenticidade é sacrificada em prol da aceitação e do reconhecimento social.

E como essa postura de pensar e decidir sem sequer usar critérios próprios é nociva! Seguimos a "manada" porque é mais fácil e parece mais óbvio. Há um exemplo bacana sobre isso: o Experimento de Conformidade, de Solomon Asch, famoso psicólogo polonês, realizado nos anos 1950, mas que é relevante até hoje, pois ilustra bem como a pressão do grupo leva as pessoas a se conformar mesmo quando a resposta correta é óbvia.[8]

Havia um grupo de participantes para esse experimento. Todas as pessoas, menos uma delas, eram atores e cúmplices do Sr. Solomon. Ao grupo

---

[8] ASCH, S. E. Opinions and Social Pressure. **Scientific American**, nov. 1995. v. 193, n. 5, pp. 31-35. Disponível em: www.columbia.edu/cu/psychology/terrace/w1001/readings/asch.pdf. Acesso em: 13 ago. 2024.

todo foi apresentada uma série de cartões. Em um cartão, havia uma linha de referência. Nos outros cartões, havia três linhas marcadas A, B e C.

Cada um dos participantes deveria dizer, em voz alta, qual das três linhas correspondia em comprimento à linha de referência no primeiro cartão. E os atores foram instruídos a dar respostas erradas em grande parte das rodadas. O verdadeiro participante, que não sabia do arranjo, dava sua resposta por último ou quase no final. E ele sempre ouvia as escolhas dos outros antes de fazer a sua.

Os resultados foram surpreendentes! De todos os participantes que não eram atores, em média, 75% deles concordaram com as respostas erradas dos atores pelo menos uma vez. Detalhe: isso aconteceu mesmo quando a resposta correta era óbvia. Por outro lado, em uma situação na qual o participante estava sozinho, sem pressão do grupo, a taxa de erro era inferior a 1%.

A pressão social é forte. Por influência do grupo, para serem aceitos e evitar pontos de vista diferentes, os participantes verdadeiros sucumbiram às respostas da maioria. A necessidade de "pertencer" pode ser maior, mais forte do que a própria evidência, do que a lógica. O efeito "manada" fica evidente. A gente vai atrás do grupo para não se sentir fora dele. E isso tem implicações em vários níveis para cada um de nós, desde a educação até a política e o marketing. E, é claro, também na construção de nossa marca pessoal.

PARADOXO DA MARCA PESSOAL HOJE

Para não nos perdermos em tantos conceitos até aqui, vamos recapitular: em um mundo onde todos temos holofotes prontos para nos fazer brilhar ou nos ofuscar, é imperativo criar uma marca pessoal única e que esteja alinhada aos nossos valores e a quem realmente somos. Ao mesmo tempo, vivemos em uma realidade repleta de modelos engessados, e todo mundo, de certa forma, está remando na mesma direção. Estamos na era do "eu acho", das opiniões rasas e de muitos pseudoespecialistas. Todos sabem muito e têm a receita de sucesso para qualquer coisa, porém, sem profundidade, baseados na aparência e com mil recursos digitais para nos convencer de que basta querer para ser bem-sucedido.

Percebem o paradoxo? Enquanto marcas pessoais se fortalecem devido às suas singularidades, somos empurrados a ser cada vez mais iguais, seguindo fórmulas prontas que parecem cada vez mais simples.

Como, então, diante desse cenário, é possível criar uma marca pessoal com autenticidade, veracidade e coerência que o destaque e o distancie do "mais do mesmo", dessa realidade pasteurizada?

Quebrando esse círculo! Ao entender que a marca pessoal é uma construção contínua e deliberada, você pode tomar decisões mais conscientes e estratégicas em sua carreira. Desde o networking até a comunicação digital, todas as ações contribuem para a percepção que os outros têm de nós. Portanto, é fundamental cultivar uma marca que seja autêntica, consistente e alinhada com nossos valores e objetivos de longo prazo.

Quem não se posiciona é posicionado pelos outros. Assumir o controle de sua narrativa, investir na construção de sua marca pessoal e entender que ela vai além do contexto corporativo são passos cruciais para garantir uma carreira bem-sucedida.

Como eu disse, não é simples. Mas é superpossível. E eu fui tocada por Deus para incentivar que pessoas iluminadas com histórias de vida singulares, que têm muito a ensinar e influenciar o nosso mundo, se mostrem como realmente são, fugindo dos estereótipos e dos moldes pré-fabricados.

O caminho para a construção de uma marca de sucesso passa por muitas etapas, e vamos ver todas ao longo deste livro, mas já adianto: não tem nada a ver com fazer o que der e vier para aparecer. Tem gente que já encrustou um diamante na testa, já ficou nua para chamar atenção para uma causa social, ou qualquer outra "tática" para se fazer conhecido ou aparecer. Esse não é o caminho! Nosso foco será ativar e valorizar aquilo que você tem e os outros não. Vamos aprender a dar importância à nossa autenticidade. Vou esclarecer em detalhes como você pode fazer isso na prática. Minha missão aqui é compartilhar meus conhecimentos e tudo o que eu aprendi e apliquei na minha carreira e na minha marca pessoal para que você possa aplicar na sua também. E, então, pronto?

CAPÍTULO 3

VALORIZE SEU MAIOR ATIVO: VOCÊ

Honre sua trajetória e celebre suas conquistas. O mundo precisa do que só você pode oferecer.

Como vimos até aqui, é preciso saber gerenciar a sua trajetória. Não se trata de imitar o percurso de ninguém, mas de entender como buscar seus diferenciais, criar uma narrativa sólida baseada naquilo em que você realmente acredita e pratica, não depender de sobrenome corporativo... enfim, cuidados não faltam para você tomar a fim de se destacar.

A partir do próximo capítulo, mergulharemos no método Brandformance, uma abordagem inovadora que combina os princípios de branding e alta-performance para você poder criar a sua marca pessoal de maneira sólida, autêntica e impactante.

Brandformance não é apenas uma estratégia, mas uma jornada de autodescoberta e crescimento. Você precisa explorar as profundezas de sua identidade, valores e propósito, para ser capaz de projetar uma presença única e poderosa no mundo. Este livro foi criado para ser seu guia essencial e inspirador, acompanhando cada passo da sua jornada rumo ao sucesso. Aqui você vai encontrar ferramentas e técnicas – e não só aconselhamentos e referências – para que se permita construir, gerenciar e expandir sua marca pessoal da melhor maneira possível.

Cada capítulo foi preparado e cuidadosamente estruturado para que você alcance uma transformação profunda e holística e, assim, seja bem-sucedido. É o que lhe desejo, do fundo da minha alma!

UMA JORNADA DE AUTOCONHECIMENTO

Reconhecer seu maior ativo – você mesmo – é fundamental na construção de uma marca pessoal sólida. Por meio de exercícios de autoconhecimento e valorização, você descobrirá suas forças e seus talentos, um conjunto de valores únicos, que servirão como a base de sua marca pessoal.

Reafirmo: autoconhecimento é crucial, pois uma marca pessoal autêntica e eficaz só pode ser construída sobre uma compreensão profunda de quem você é e do que você representa.

Com essa base estabelecida, aí, sim, vem a construção de uma identidade autêntica. Por meio do método Brandformance, você aprenderá a decifrar seu DNA pessoal, entendendo os elementos fundamentais que o compõem. Para projetar a sua assinatura no mundo, vai ser necessário criar uma presença fiel à sua identidade. É isso o que vai diferenciar você dos outros, mas também tocar profundamente o público, criando uma conexão mais forte e duradoura.

Estabelecer autoridade e visibilidade é o passo seguinte nessa jornada. Com os capítulos sobre os pilares da autoridade e a arte de ser notado, você vai adquirir as habilidades necessárias para se tornar um profissional com credibilidade em sua área de atuação. Para isso, precisará ser reconhecido como uma autoridade.

E todos esses elementos são interdependentes: a autoridade reforça a visibilidade, e a visibilidade, por sua vez, solidifica a autoridade, entende?

A construção de conexões significativas é outro pilar essencial da Brandformance. Conexões autênticas e estratégicas não só fortalecem sua marca pessoal, mas também ampliam suas oportunidades e influência. E, pra isso, você vai precisar de uma rede de apoio e colaboração que fortaleça sua marca pessoal, entendendo que, para desenvolver essa rede, você deve construir relacionamentos baseados em confiança, reciprocidade e propósito compartilhado. Essas conexões não apenas vão sustentar a sua jornada, mas também amplificar seu impacto.

A gestão de reputação e a sustentabilidade são igualmente cruciais. Proteger e gerenciar sua imagem pessoal envolve lidar de forma eficaz com feedbacks negativos e crises, blindando sua reputação. Além disso, a integração dos princípios de ESG (sigla do inglês traduzida como Responsabilidade Ambiental, Social e Governança) na sua marca pessoal mostra a importância de práticas éticas e sustentáveis. Reputação é tudo! É o alicerce sobre o qual a marca se sustenta. E só a sustentabilidade garante que essa marca resista ao teste do tempo.

Brandformance não é apenas sobre construir uma marca, mas também sobre medir e garantir o impacto dela. E esse trabalho é contínuo! A capacidade de analisar os resultados de suas estratégias é fundamental para garantir que você esteja no caminho certo. Expandir seu ecossistema pessoal de forma significativa e duradoura envolve não apenas ampliar seu alcance, mas também fortalecer sua base de apoio e colaboração.

Finalmente, refletir sobre sua jornada e o legado que você quer deixar é o clímax dessa transformação. Contar sua própria história de maneira impactante não só consolida sua marca pessoal, mas também garante que seu legado seja sentido por gerações. Seu legado é a expressão final de sua marca pessoal e o reflexo duradouro de sua influência e contribuição.

Esse método é a solução definitiva para você, que deseja não apenas ser visto, mas ser lembrado e, principalmente, reconhecido. É uma prática transformadora que o capacita a acender sua chama interior, construir uma marca pessoal poderosa e deixar um legado que ressoe no mundo.

E então? Está pronto para a sua transformação a partir do método Brandformance?

CAPÍTULO 4

DECIFRANDO SEU DNA

Sua marca pessoal deve ser um espelho da sua alma. Sem autoconhecimento, esse espelho reflete apenas uma imagem distorcida.

A ntes de embarcarmos na complexa e recompensadora jornada de criação de uma identidade forte e autêntica, precisamos olhar para dentro de nós mesmos e entender nossas motivações, valores e paixões. Esse é o ponto de partida, o alicerce sobre o qual construímos cada aspecto da nossa presença e influência.

O autoconhecimento é a chave mestra que desbloqueia o verdadeiro potencial de cada indivíduo. Quando sabemos quem somos, o que representamos e para onde queremos ir, podemos comunicar com clareza e autenticidade, estabelecendo uma marca pessoal que ressoa profundamente com o público. No contexto de branding pessoal, essa clareza é inestimável, pois nos permite ser genuínos em todas as interações, construir conexões significativas e inspirar confiança, fugindo das fórmulas prontas de posicionamento tão exploradas recentemente.

Neste capítulo, vamos compreender como o autoconhecimento serve como uma bússola para guiar todas as estratégias de branding pessoal, garantindo que cada passo esteja alinhado com sua essência e seu propósito.

Foi o que me transformou e é a base do meu posicionamento. Sempre procuro me conhecer mais a cada dia, reconhecer minhas dores, minhas fraquezas, meus defeitos e minhas qualidades para dar conta de mim mesma. E, durante esse trajeto – que não vai acabar nunca –, vou aprendendo o que pode ser bom, o que me fortalece, o que me ajuda nessa procura eterna, nesse processo contínuo e desafiador. E essa jornada tem sido bastante reveladora.

Decifrar-se não é para qualquer um. É uma tarefa árdua em busca do nosso DNA – o que inclui qualidades, mas também faltas. É a procura da nossa singularidade, com todos os nossos valores, peculiaridades, dúvidas e certezas.

Essa singularidade é uma das características mais fascinantes e mágicas do ser humano. Em um planeta habitado por mais de 8 bilhões de pessoas, é surpreendente e maravilhoso perceber que não existe absolutamente ninguém igual a nós. Cada indivíduo possui uma combinação única de experiências, pensamentos, emoções e características que o diferenciam dos demais.

Diferenciar-se é vital não apenas para nossa realização pessoal mas também para o coletivo. Quando cada pessoa expressa sua individualidade, trazemos uma variedade de perspectivas e habilidades que podem levar a inovações e soluções criativas para desafios complexos da sociedade. A diversidade de pensamentos e experiências é um motor essencial para a evolução e a melhoria contínua em todas as áreas da vida.

Em um mundo onde a pressão para conformidade pode ser avassaladora, celebrar nossa unicidade é um ato de coragem e de amor-próprio. É por meio da aceitação e da valorização de nossa individualidade que podemos realmente contribuir com nosso melhor para o mundo, deixando um legado que reflete a essência de quem somos.

E é essa autenticidade, essa força poderosa, que nos permite viver de maneira mais plena e verdadeira, conectando-nos profundamente com nós mesmos e com os outros.

E olhe que interessante: um estudo sobre autenticidade e felicidade,[9] publicado no *Journal of Counseling Psychology* em 2008, encontrou e validou uma escala para medir a autenticidade, analisando a relação dela com a felicidade e a satisfação com a vida. Segundo esse estudo, três pilares compõem o conceito de autenticidade (enquanto lê, vá checando em si mesmo esses critérios):

• **Autoconsciência:** se você confia ou não nas suas motivações, emoções e preferências;

• **Comportamento autêntico:** se você age de acordo com seus próprios valores, necessidades e preferências ou se prefere atuar considerando as expectativas externas;

[9] WOOD, A. M. *et al.* The Authentic Personality: a Theoretical and Empirical Conceptualization and the Development of the Authenticity Scale. **Journal of Counseling Psychology**, jul. 2008, v. 55, n. 3, p. 385-399. DOI: 10.1037/0022-0167.55.3.385.

- **Resistência às influências externas:** se você tem capacidade de resistir à pressão social, agindo de maneira verdadeira e de acordo com o que pensa.

Esse estudo recrutou voluntários para responder a questionários que utilizaram os critérios acima na elaboração das perguntas. E sabe qual foi o resultado? Os níveis mais altos de autenticidade estavam positivamente relacionados com a maior satisfação com a vida e a felicidade. Isto é, quem se percebia mais autêntico demonstrava maior bem-estar emocional e consciência do propósito de vida. Quem é autêntico é mais feliz, tem uma experiência de vida mais rica e mais gratificante.

E meu objetivo aqui é ajudar você a encontrar a sua autenticidade. Sei que posso estar ao seu lado nessa tarefa porque passei anos por essa dor até encontrar meu verdadeiro eu. Na ânsia de me encaixar, de ser aceita, atravessei períodos de infelicidade e de não aceitação. Foi só quando me encarei como uma pessoa com a minha própria individualidade e com padrões que fogem do convencional que passei a ter uma vida mais plena e gratificante!

Sempre tive uma alma artística, mas, quando comecei a trabalhar, me coloquei na "caixinha" do mundo corporativo, então renunciei às coisas de que eu gostava, porque achava que uma executiva tinha de seguir um padrão. E não era só eu que me colocava nessa caixa; as pessoas ao meu redor também, porque eu lhes dava esse poder. Por isso, atenção: escolha bem quem está ao seu lado, quem o aconselha e quem você segue.

Em um dos processos de coach que fiz com foco em carreira, a profissional me aconselhou a cortar o cabelo e utilizar roupas "mais sérias" para passar uma imagem mais profissional. Até entendo que muitas mulheres precisaram passar por isso para conquistar seu espaço, mas, como pessoa vaidosa que sou, sabia que isso não me faria bem, que eu não estaria sendo eu mesma. Perceba que, naquela época, embora eu ainda não me permitisse fazer muitas das coisas que hoje faço, eu já impunha alguns limites.

SER DIFERENTE OU SER IGUAL, EIS A QUESTÃO!

Hoje em dia, vivemos em uma sociedade mais aberta à pluralidade e à diversidade, mas, ainda assim, vivemos nos "clusterizando". Queremos fazer parte de um grupo social aceito, seja ele qual for. Para isso, usamos as mesmas roupas, os mesmos cortes de cabelo, consumimos as mesmas músicas, temos os mesmos gostos e até objetivos iguais na carreira. E é aí que viramos "mais um", que o nosso currículo parece com centenas de outros e que a nossa aparência nos assemelha a tantas outras.

Precisamos parar de perder tempo e começar a tirar os nossos medos da frente, assumindo nossas imperfeições. Sim, isso dá trabalho! Costumo dizer que o processo de autoconhecimento é como descascar uma cebola, no qual nos desfolhamos pouco a pouco e até choramos, para chegar aonde queremos.

Isso não significa que a trajetória será apenas de sofrimento. Claro que não. Teremos momentos de risadas e alegria. Pode ser também algo divertido. Quem disse que não? Quando enxergamos e assumimos nossos defeitos, podemos rir deles (e isso é bom, experimente!). E, nessa atitude bem-humorada, encontramos a oportunidade para exigir menos de nós mesmos e, ao mesmo tempo, nos sentir mais inteiros, mais verdadeiros, menos personagem das redes sociais e mais de carne e osso.

Você já parou para refletir sobre tudo isso que discutimos até aqui? É importante! Mais do que simplesmente realizar um conjunto de ações e construir sua marca pessoal, é essencial pensar sobre os seus objetivos, sobre onde você está hoje, sobre a sua força, mas também sobre aquela que vem de uma fonte maior. Tem a ver com espiritualidade, que é nosso próximo tema.

REFLETIR SOBRE O AUTOCONHECIMENTO PASSA PELA FÉ E PELA HISTÓRIA DO SER HUMANO

A espiritualidade pode abrir vários canais para acessarmos o nosso diferencial. A conexão com experiências reflexivas diversas, com seres especiais que viveram em épocas passadas, ou que ainda vivem em nosso tempo, pode nos remeter à nossa essência, facilitando a nossa compreensão sobre o assunto – além de trazer respostas para as nossas dúvidas, reafirmar nossas certezas e nos inspirar.

Por exemplo, vamos refletir sobre o que nos ensina o mestre Jesus em relação ao "nascer de novo", que, no meu entendimento, tem muito a ver com o autoconhecimento. Em João 3:7, Jesus afirma: "Não te admires de eu

PRECISAMOS PARAR DE PERDER TEMPO E COMEÇAR A TIRAR OS NOSSOS MEDOS DA FRENTE, ASSUMINDO NOSSAS IMPERFEIÇÕES.

BRANDFORMANCE
@RESPALLICCI

te dizer: importa-vos nascer de novo".[10] Esse convite a nascer de novo, a se tornar nova criatura, é um processo que se dá de fora para dentro, ao nível da consciência pessoal. A partir de um autoexame de consciência, a pessoa, de forma pessoal e livre, reconhece quem ela é e se dispõe a se tornar uma pessoa melhor (seguindo os passos do Mestre).

A verdade é que o Evangelho provoca essa necessidade de autoconhecimento, pois sugere uma transformação de dentro para fora na vida do indivíduo. E aqui é preciso diferenciar a espiritualidade proposta por Cristo daquilo que o cristianismo como religião veio a se tornar em grande parte. Pois a religião costuma lidar com a aparência, com o exterior, com comportamentos... Já o Evangelho lida com a essência, com o interior, com a identidade. Tem a ver com a transformação do ser humano interior.

Mas vamos voltar a alguns séculos antes de Cristo, para a Grécia Antiga de Sócrates e tantos outros filósofos. Quando jovem, esse pensador visitou o Templo de Apolo, em Atenas, e ficou refletindo sobre as inscrições no portão de entrada. Estava lá: "Conhece-te a ti mesmo". Essa máxima do autoconhecimento tocou Sócrates, que percebeu que qualquer conhecimento posterior do mundo iria requerer um conhecimento de si mesmo. O filósofo afirmava a sua ignorância, talhando a frase que, segundo ele próprio, o definia: "Só sei que nada sei". Esse reconhecimento de sua ignorância foi uma marca fundamental para estabelecer o seu caráter questionador de sábio, pois o levava à busca pelo saber. Se formos mais a fundo, vamos concluir que não sabemos nada mesmo e que o importante é sempre buscar mais, caminhar mais, para viver mais e melhor.[11]

E, nesse caminho, encontramos, além dos filósofos gregos, alguns outros pensamentos de culturas milenares, como o Yin e Yang da cultura chinesa. Esses dois polos contrários explicam o nosso ser dual, o dia e a noite, o claro e o escuro, o alto e o baixo, o bem e o mal. O positivo e o negativo é uma dualidade que está sempre a serviço da unidade. Segundo os chineses, reconhecer a dualidade que habita o ser humano é um processo de autoconhecimento.

---

[10] De acordo com a versão Almeida Revista e Atualizada (ARA).

[11] SILVA, J. C. Conhece-te a ti mesmo: Sócrates e a nossa relação com o mundo. **Uol**. Disponível em: https://educacao.uol.com.br/disciplinas/filosofia/conhece-te-a-ti-mesmo-socrates-e-a-nossa-relacao-com-o-mundo.htm?cmpid=copiaecola. Acesso em: 13 ago. 2024.

A não aceitação do todo é a causa das patologias e das dores – no físico, no energético e no emocional –, e, por isso, devemos considerar tanto o nosso positivo quanto o negativo.

Para ocorrer a transformação e encontrarmos a nossa autenticidade, precisamos aceitar o nosso todo – com nossas qualidades e imperfeições. Caso contrário, continuaremos parte incompleta.

ESCOLHA SUA FERRAMENTA

Há à nossa disposição diversas ferramentas muito úteis nesse percurso para o autoconhecimento – livros, cursos, palestras, workshops, mentorias; você escolhe o quanto e como pode investir neles. Acho importante compartilhar, como exemplo, um esforço meu nesse contexto, para estimular você a procurar o que for e onde for preciso.

Em 2013, cheguei ao Processo Hoffman da Quadrinidade repleta de perguntas e de vontade de aprender, já que havia iniciado a minha jornada de autoconhecimento cinco anos antes, mas me sentia com muito mais dúvidas do que respostas. Eu já tinha clareza do que não queria para minha vida, mas não fazia a menor ideia do que queria.

Entrei de cabeça na metodologia desenvolvida por Bob Hoffman, um autodidata conhecedor da natureza humana. Esse processo combina diversas técnicas terapêuticas e nos reeduca emocionalmente por meio do autoconhecimento. Em relação à quadrinidade, ela diz respeito a quatro dimensões do nosso ser: a intelectual, a emocional, a física e a espiritual (intuitiva). Avalizado pela Universidade Harvard, provou resultados impressionantes 97% dos participantes afirmam ter obtido melhor preparo para lidar com adversidades, 90% acessam grande nível de consciência e 83% elevam qualidade de relacionamento. E eu me incluo em todas essas porcentagens.[12]

O processo Hoffman exige práticas intensivas e um esforço descomunal para quem não desgruda da tecnologia: você fica sete dias sem celular,

[12] SOBRE o Processo Hoffman. Instituto Hoffman Brasil [s. d.]. Disponível em: www.processohoffmanbrasil.com.br/component/sppagebuilder/?view=page&id=11. Acesso em: 13 ago. 2024.

sem contato com nada, a não ser com a sua essência. É uma imersão profunda, na qual passamos a vida a limpo, fazemos uma retrospectiva desde a infância até o momento presente, entendendo o papel dos nossos ancestrais em nosso viver, o que influenciou nossos talentos e também nossas crenças limitantes. Passamos a enxergar a vida de modo completamente diferente.

Para mim, esse trabalho foi o primeiro passo de muitas e muitas transformações. Comecei a enxergar os reais desejos da Renata, pois, até então, eu tinha passado a vida apenas agradando aos outros: faculdade e carreira para agradar aos pais, casamento perfeito seguindo o script da sociedade... Faltava coragem para simplesmente ser quem eu queria.

Foi um processo de muita evolução e vou levá-lo para o resto da minha vida.

A título de recomendação, seguem dois links para que você possa buscar mais informações:

Processo Hoffman

Leituras e estudos sobre autoconhecimento

NÃO É UMA QUESTÃO DE "ACHISMO"

Os benefícios do autoconhecimento para o nosso bem-estar pessoal e profissional são muitos. E não é apenas uma questão de "achismo", a ciência já comprovou muitos.

O autoconhecimento regula as nossas emoções, contribuindo para uma saúde mental mais estável, uma gestão emocional mais eficaz, conforme destacado por Daniel Goleman ao introduzir o conceito de inteligência emocional.[13]

A capacidade de compreender nossos próprios motivos, desejos e medos pode nos levar a decisões mais informadas e alinhadas com nossos valores. Portanto, a introspecção, quando aplicada corretamente, pode auxiliar as pessoas a fazer escolhas mais conscientes e satisfatórias, além de terem decisões mais aprimoradas.[14]

Esse autoconhecimento também impulsiona nosso crescimento pessoal e profissional à medida que identificamos as áreas que necessitam de desenvolvimento e reconhecemos nossa força. Repare que líderes com autoconsciência aprimorada são mais eficazes e têm equipes mais engajadas.

Além disso, o autoconhecimento aumenta nossa capacidade de enfrentar adversidades, pois compreendemos melhor as nossas reações e podemos ajustar nossas estratégias para encararmos melhor os desafios e o estresse de maneira mais resiliente.[15]

Por fim, um profundo autoconhecimento nos torna mais satisfeitos com a vida, visto que nosso propósito se torna claramente definido.

E essa busca pelo autoconhecimento deve ser prazerosa. Para mim, sempre o foi. Encontro prazer quando leio, faço cursos ou terapias alternativas e tradicionais, sessões de numerologia, astrologia, constelação familiar e empresarial, meditação, mindfulness e tantas outras práticas que me ajudam a lapidar o autoconhecimento. Mas atenção: esse foi o meu caminho; cada um deve trilhar o seu. O importante é que você faça uso das várias possibilidades e encontre a sua trajetória de autoconhecimento.

---

[13] QUAIS são os cinco pilares da Inteligência Emocional? **PUCRS Online**, 26 jan. 2024. Disponível em: https://online.pucrs.br/blog/pilares-inteligencia-emocional. Acesso em: 13 ago. 2024.

[14] SOUSA, V. Inteligência emocional: o que é e como desenvolver. **UniFECAF**, 8 maio 2024. Disponível em: www.unifecaf.com.br/post/voce-sabe-o-que-e-inteligencia-emocional. Acesso em: 14 ago. 2024.

[15] RESILIÊNCIA: construindo força mental. **Psicanálise Blog**, 23 dez. 2023. Disponível em: https://psicanaliseblog.com.br/resiliencia-construindo-forca-mental/. Acesso em: 14 ago. 2024.

Talvez pareça muita informação e algo muito distante de ser realizado – afinal, é um trabalho de uma vida inteira –, mas no próximo capítulo vou trazer ferramentas práticas para criar o seu guia básico para o autoconhecimento. Por enquanto, vamos começar por este teste de autoconhecimento para aquecer os motores!

TESTE: VOCÊ SE CONHECE O SUFICIENTE?

Esse teste ajudará você a ter uma visão mais clara do seu nível atual de autoconhecimento e dos caminhos a seguir para aprimorá-lo. Identificar e trabalhar essas áreas é um passo fundamental para se tornar a melhor versão de si mesmo.

Para obter melhores resultados, é essencial que você seja muito sincero consigo mesmo em cada resposta. Assim, encontre um ambiente calmo e silencioso, onde você possa se concentrar plenamente, livre de distrações. Tire um tempo para refletir sobre cada pergunta e responda com honestidade e atenção.

O teste pode ser feito aqui, nas próximas páginas do livro, ou no meu site, através do QR Code disponibilizado a seguir; por lá você também recebe o resultado na hora e ainda pode baixar o arquivo para rever sempre que necessário.

Preparado para começar? A partir de agora, vamos embarcar nessa emocionante viagem de descoberta pessoal!

Teste – você se conhece o suficiente?

BLOCO 1
Tomada de decisão e reflexão pessoal

1. Quando você toma uma decisão importante, você costuma:

(a) Pedir a opinião de várias pessoas antes. (1 ponto)

(b) Consultar uma ou duas pessoas de confiança. (2 pontos)

(c) Refletir sozinho e tomar a decisão por conta própria. (3 pontos)

(d) Decidir impulsivamente. (0 pontos)

2. Como você descreveria seu entendimento sobre seus pontos fortes e fracos?

(a) Tenho uma lista clara de ambos. (3 pontos)

(b) Conheço alguns, mas ainda tenho dúvidas sobre outros. (2 pontos)

(c) Raramente penso sobre eles. (1 ponto)

(d) Não faço ideia. (0 pontos)

3. Em situações de conflito, você tende a:

(a) Ficar em silêncio e internalizar o conflito. (1 ponto)

(b) Dialogar para resolver o problema. (3 pontos)

(c) Defender sua opinião com firmeza. (2 pontos)

(d) Evitar confrontos a qualquer custo. (0 pontos)

4. Sobre seus objetivos de vida, você:

(a) Tem objetivos claramente definidos e um plano para alcançá-los. (3 pontos)

(b) Sabe o que quer, mas falta clareza em como chegar lá. (2 pontos)

(c) Tem algumas ideias, mas nada concreto. (1 ponto)

(d) Nunca pensou seriamente sobre isso. (0 pontos)

5. Quando alguém lhe dá feedback negativo, você:

(a) Ignora e segue em frente. (0 pontos)

(b) Acata o feedback sem muita reflexão. (1 ponto)

(c) Reage defensivamente. (2 pontos)

(d) Reflete sobre o feedback e tenta melhorar. (3 pontos)

6. Sobre suas emoções, você:

(a) Entende bem o que sente e o porquê. (3 pontos)

(b) Consegue identificar suas emoções na maioria das vezes. (2 pontos)

(c) Fica confuso sobre seus sentimentos ocasionalmente. (1 ponto)

(d) Sente dificuldade em saber o que realmente sente. (o pontos)

7. Quando se trata de reconhecer seus erros, você:

(a) Sempre justifica suas ações. (o pontos)

(b) Às vezes admite, mas com relutância. (2 pontos)

(c) Raramente admite que errou. (1 ponto)

(d) Reconhece-os e pede desculpas quando necessário. (3 pontos)

Soma do Bloco 1: _____

BLOCO 2
Comportamento em situações de estresse e autoavaliação

8. Ao final do dia, você:

(a) Reflete sobre o que aconteceu e o que aprendeu. (3 pontos)

(b) Pensa superficialmente sobre o dia. (2 pontos)

(c) Desliga-se do dia e não pensa mais sobre ele. (1 ponto)

(d) Repassa as situações difíceis e deixa sua mente ocupada com elas. (o pontos)

9. Em relação ao seu comportamento sob estresse, você:

(a) Identifica os sinais de estresse e toma medidas para relaxar. (3 pontos)

(b) Nota o estresse, mas não sabe bem como lidar com ele. (2 pontos)

(c) Só percebe o estresse depois que ele passa. (1 ponto)

(d) Raramente percebe que está estressado, mesmo quando os outros notam. (o pontos)

10. Ao fazer uma autoavaliação, você:

(a) Consegue ser objetivo sobre suas qualidades e seus defeitos. (3 pontos)

(b) Tenta ser justo, mas às vezes é crítico demais. (2 pontos)

(c) Acha difícil ser completamente honesto consigo mesmo. (1 ponto)

(d) Nunca fez uma autoavaliação séria. (0 pontos)

11. Sobre suas paixões e seus interesses, você:

(a) Sabe exatamente o que te move e te motiva. (3 pontos)

(b) Tem alguns interesses, mas ainda está descobrindo o que te apaixona. (2 pontos)

(c) Segue alguns interesses por conveniência. (1 ponto)

(d) Não tem ideia do que realmente te motiva. (0 pontos)

12. Se perguntado sobre suas motivações, você:

(a) Sabe claramente o que te motiva. (3 pontos)

(b) Tem uma noção, mas é vaga. (1 ponto)

(c) Tem dificuldades em identificar suas motivações. (2 pontos)

(d) Não sabe exatamente o que te motiva. (0 pontos)

13. Quando você está em um novo grupo, você geralmente:

(a) Participa ativamente desde o início. (3 pontos)

(b) Participa, mas com reservas. (1 ponto)

(c) Observa antes de se manifestar. (2 pontos)

(d) Evita interagir se possível. (0 pontos)

14. Quando você se sente frustrado, você:

(a) Tenta entender a causa da frustração e resolve. (3 pontos)

(b) Explode em curto prazo, mas acalma-se rapidamente. (2 pontos)

(c) Guarda para si mesmo e internaliza. (1 ponto)

(d) Desconta nos outros. (0 pontos)

Soma do Bloco 2: _____

BLOCO 3
Definição de metas e satisfação pessoal

15. Quando define uma meta, você:

(a) Define metas claras com passos específicos para alcançá-las. (3 pontos)

(b) Define metas, mas muitas vezes esquece delas. (2 pontos)

(c) Define metas vagas e sem um plano claro. (1 ponto)

(d) Raramente define metas pessoais. (0 pontos)

16. Em relação ao seu nível de satisfação com suas conquistas, você:

(a) Se sente realizado e feliz com suas conquistas. (3 pontos)

(b) Sente que poderia ter feito mais. (2 pontos)

(c) Nunca está satisfeito e sempre quer mais. (1 ponto)

(d) Não pensa muito sobre suas conquistas. (0 pontos)

17. Quando enfrenta dificuldades, você:

(a) Consegue gerenciá-las bem e busca soluções eficazes. (3 pontos)

(b) Depende da ajuda de outros para superá-las. (2 pontos)

(c) Luta para lidar com elas e às vezes desiste. (1 ponto)

(d) Evita efrentá-las diretamente e foge. (0 pontos)

18. Quanto à sua visão de futuro, você:

(a) Tem um plano claro e detalhado do que deseja. (3 pontos)

(b) Pensa no futuro, mas não planeja detalhadamente. (2 pontos)

(c) Tem ideias vagas, mas sem definições claras. (1 ponto)

(d) Vive apenas o presente e não planeja o futuro. (0 pontos)

19. Sobre sua capacidade de aprender com os erros, você:

(a) Reflete sobre os erros e tira lições valiosas. (3 pontos)

(b) Aprende, mas com dificuldade e demora. (2 pontos)

(c) Tende a repetir os mesmos erros. (1 ponto)

(d) Culpa os outros pelos seus erros. (0 pontos)

20. Quanto ao seu nível de confiança, você:

(a) É altamente confiante em suas habilidades e decisões. (3 pontos)

(b) Tem confiança variada dependendo da situação. (2 pontos)

(c) Sente insegurança frequente. (1 ponto)

(d) Evita situações que testam sua confiança. (0 pontos)

21. Quanto à sua capacidade de se adaptar a mudanças, você:

(a) Se adapta rapidamente e vê como uma oportunidade de crescimento. (3 pontos)

(b) Aceita mudanças, mas com certa dificuldade. (2 pontos)

(c) Geralmente leva um tempo para se adaptar. (1 ponto)

(d) Luta contra mudanças e resiste a elas. (0 pontos)

Soma do Bloco 3: _____

BLOCO 4
Relacionamentos e crescimento pessoal

22. Em relação aos seus relacionamentos interpessoais, você:

(a) Tem fortes conexões e relações significativas. (3 pontos)

(b) Possui alguns amigos próximos, mas muitos conhecidos. (2 pontos)

(c) Prefere pouca interação e tem poucos amigos. (1 ponto)

(d) Encontra dificuldade em manter relacionamentos. (0 pontos)

23. Quando reflete sobre a infância, você:

(a) Identifica claramente as experiências que moldaram quem você é. (3 pontos)

(b) Lembra-se de algumas experiências significativas. (2 pontos)

(c) Tem memórias seletivas e vagas sobre a infância. (1 ponto)

(d) Raramente pensa sobre a infância. (0 pontos)

24. Quanto à sua habilidade de lidar com feedback construtivo, você:

(a) Adapta e aplica para melhorar continuamente. (3 pontos)

(b) Aceita e faz mudanças no que acredita ser necessário. (2 pontos)

(c) Aceita, mas não necessariamente aplica mudanças. (1 ponto)

(d) Ignora ou reage negativamente a feedback. (o pontos)

25. Sobre seu tempo livre, você:

(a) Sabe claramente o que gosta de fazer e aproveita bem o tempo. (3 pontos)

(b) Tem interesses variados, mas nem sempre sabe o que fazer. (2 pontos)

(c) Passa tempo livre sem uma direção clara. (1 ponto)

(d) Fica perdido e não sabe como aproveitar o tempo livre. (o pontos)

26. Quando se trata de saúde mental e física, você:

(a) Cuida bem de ambas e as monitora regularmente. (3 pontos)

(b) Cuida razoavelmente delas, mas poderia melhorar. (2 pontos)

(c) Dá atenção mais a uma do que a outra. (1 ponto)

(d) Raramente se preocupa com ambas. (o pontos)

27. Na busca de conhecimento e aprendizado, você:

(a) Tem sede de conhecimento e busca sempre aprender mais. (3 pontos)

(b) Aprende quando necessário, mas não busca conhecimento proativamente. (2 pontos)

(c) Aprende apenas o essencial para suas atividades. (1 ponto)

(d) Evita aprender coisas novas e adapta-se ao que já sabe. (o pontos)

28. Quanto à sua capacidade de dar e receber afeto, você:

(a) Consegue expressar afeto facilmente e recebe de bom grado. (3 pontos)

(b) Tem certa dificuldade em expressar ou receber afeto. (2 pontos)

(c) Sente desconforto com afeto em contextos fora de sua zona de conforto. (1 ponto)

(d) Evita demonstrar ou receber afeto a qualquer custo. (0 pontos)

Soma do Bloco 4: _____

Pontuação final: _____

(**Soma das pontuações dos blocos 1, 2, 3 e 4**)

INTERPRETAÇÃO DOS RESULTADOS

0 - 20 pontos: Você precisa dedicar mais tempo para se conhecer. Tente refletir mais sobre quem você é e o que o motiva.

21 - 40 pontos: Ainda há muito a ser descoberto. É importante começar a prestar mais atenção em si mesmo. Procure entender melhor suas emoções, seus comportamentos e suas motivações.

41 - 60 pontos: Seu autoconhecimento está em desenvolvimento. Considere explorar mais suas emoções, objetivos e comportamentos.

61 - 80 pontos: Você tem um bom nível de autoconhecimento, mas ainda há áreas a melhorar. Continue investindo tempo em refletir sobre si mesmo.

81 - 96 pontos: Você tem um altíssimo nível de autoconhecimento. Sabe bem o que quer, entende suas emoções e está no controle de sua vida.

Espero que esse teste ajude você a fornecer uma avaliação mais detalhada e organizada do seu nível de autoconhecimento!

CAPÍTULO 5

PROSPERIDADE PESSOAL

Busque seu propósito. Deixe seu legado.

Se você está aqui, me dando o prazer da sua companhia, já deve ter passado pelo meu site, pelo meu blog, LinkedIn, Instagram ou TikTok – enfim, tem alguma ligação pessoal ou profissional comigo. Ou mesmo quem chegou a este livro para aprender como desenvolver a marca pessoal deve ter pesquisado o mínimo ao meu respeito, para saber quem eu sou. Nos dois casos, acredito que conheça a minha "promessa", a assinatura da marca Renata Spallicci© (e fico muito orgulhosa por isso): **Busque seu propósito. Deixe seu legado.**

Tenho uma razão bem forte para ter começado este capítulo com a minha assinatura. É que procuro validar o meu propósito todos os dias, de modo a construir e manter a minha imagem de marca. E este livro nasceu dessa grande vontade de ensinar você a fazer o mesmo.

Não porque eu goste de prestígio somente (quem não gosta?), mas porque já estudei e apliquei esses conhecimentos para chegar aonde estou. Quebrei a cara, me frustrei, comemorei algumas vitórias importantes e superei dúvidas suficientes para saber o que lhe propor para seguir seu caminho. Assim, esse compilado de aprendizados é para que você possa se inspirar em tudo o que aprendi e, depois, continue refletindo sobre os fundamentos de sustentação de uma marca pessoal.

Sua marca deve ter importância não só para você, mas para o mundo – seja lá o tamanho da sua abrangência. Tenha em mente o seguinte: você está plantando um valor, deixando um legado, por meio da sua promessa, do seu propósito. É claro que você não precisa ter uma frase que defina isso, como eu tenho a minha, mas é necessário ter um plano estratégico para fazer valer esse propósito, plantar sementes com a sua marca por aí!

Jack Welch, um estudioso e educador sobre liderança, nos ensina: "para construir, lapidar ou reposicionar uma marca pessoal é fundamental sabermos aonde queremos chegar, qual marca queremos deixar no mundo, como queremos ser percebidos".[16]

Logo, você deve, primeiro, definir o seu propósito. Aonde você almeja chegar? E, para responder a essa pergunta, só tendo autoconhecimento, como vimos no capítulo anterior. Sabe o teste que você fez no finalzinho dele? Então, se você considera que a sua pontuação tenha sido satisfatória e, assim, você acredita ter um bom nível de autoconhecimento, ótimo! Vamos juntos nas próximas páginas desenvolver um planejamento estratégico para criar sua marca pessoal. Mas, se você percebeu que ainda precisa se conhecer melhor, aconselho a mergulhar ainda mais por meio de outras ferramentas e técnicas de autoconhecimento. Abordo esse tema há anos no meu blog e nas minhas redes. Tenho certeza de que encontrará informações que guiarão você nessa jornada. Acesse o QR Code a seguir e dê uma olhada!

MÃO NA MASSA: COMEÇANDO A FAZER A DIFERENÇA

O já citado Jack Welch disse certa vez: "Controle o seu próprio destino ou alguém o fará".[17] E é uma grande verdade, mas essa história de "fazer" não é tão fácil assim. Afinal, como já vimos, não basta apenas fazer, temos que **fazer diferente** para realmente **fazer a diferença**! Precisamos buscar ferramentas que nos auxiliem nessa tarefa. Não podemos deixar apenas "a vida nos levar", como sugere a famosa música eternizada por Zeca Pagodinho.[18]

[16] MEAH, A. 40 Inspirational Jack Welch Quotes on Success. **Awaken The Greatness Within**. Disponível em: www.awakenthegreatnesswithin.com/40-inspirational-jack-welch-quotes-on-success/. Acesso em: 13 ago. 2024.

[17] *Ibidem*.

[18] DEIXA a vida me levar. Intérprete: Zeca Pagodinho. *In*: DEIXA a vida me levar. Rio de Janeiro: Universal Music, 2002. Faixa 1.

Então, que tal entrarmos de cabeça no processo? Sugiro que você grife o que é mais importante. Vamos lá!

DIAGNOSTICANDO A SUA MARCA PESSOAL

Vou contar um segredo: de tempos em tempos realizo uma Pesquisa de Percepção de Marca Pessoal para medir se estou seguindo à risca o meu propósito, e proponho que você a faça também. Esse é um primeiro passo no processo de diagnóstico para planejamento da sua marca pessoal. Ele é importantíssimo para você poder ajustar a sua estratégia de branding quando necessário!

Ao realizar uma pesquisa sobre percepção de marca pessoal com o público, é essencial considerar diversos pontos que proporcionem uma compreensão profunda sobre como sua marca é percebida. Primeiro, avalie o conhecimento da marca, verificando se o público já ouviu falar de você e como tomou conhecimento. Em seguida, explore as primeiras impressões e palavras associadas à sua marca para identificar a imagem inicial que você projeta. Entender as características e os valores que seu público associa a você é crucial, pois isso revela se a sua marca pessoal está alinhada com seus objetivos e princípios.

Credibilidade e confiabilidade são outros pontos vitais, em que questões sobre confiança e percepção de autoridade podem fornecer insights sobre sua posição no mercado. Além disso, avaliar a relevância e utilidade de seu conteúdo para o público garante que suas mensagens estão ressoando de maneira eficaz. Por fim, considerar comunicação e engajamento, satisfação geral, comparação com concorrentes e experiência do usuário ajuda a fornecer uma visão holística da sua marca pessoal.

Esquema de pesquisa de percepção de marca pessoal

1. Conhecimento da marca

- **Questões:**
  - o O público já ouviu falar de você?
  - o Como tomou conhecimento da sua marca?
- **Objetivo:** Avaliar o nível de reconhecimento da sua marca pessoal.

2. Primeiras impressões

- **Questões:**
  - o Quais são as primeiras palavras que vêm à mente ao pensar na sua marca?
- **Objetivo:** Identificar a imagem inicial que você projeta.

3. Características e valores associados

- **Questões:**
  - o Quais características e valores seu público associa à sua marca?
- **Objetivo:** Verificar o alinhamento da marca com seus objetivos e princípios.

4. Credibilidade e confiabilidade

- **Questões:**
  - o Sua marca é vista como confiável?
  - o Como é percebida sua autoridade no mercado?
- **Objetivo:** Entender a confiança e credibilidade atribuídas à sua marca.

5. Relevância e utilidade do conteúdo

- **Questões:**
  - o Seu conteúdo é útil e relevante para o público?
- **Objetivo:** Garantir que suas mensagens ressoem de forma eficaz.

6. Comunicação e engajamento

- **Questões:**
  - o Como é a comunicação e o engajamento com o seu público?
- **Objetivo:** Avaliar a efetividade da interação com o público.

7. Satisfação geral

- **Questões:**
  - o O público está satisfeito com a sua marca?
- **Objetivo:** Medir a satisfação global com sua marca pessoal.

8. Comparação com concorrentes

- **Questões:**
  - o Como sua marca se compara com os concorrentes?
- **Objetivo:** Posicionar-se em relação à concorrência.

9. Experiência do usuário

- **Questões:**
  - o Como é a experiência geral que o público tem com sua marca?
- **Objetivo:** Avaliar a qualidade da experiência proporcionada pela sua marca.

Para aplicá-la você precisará definir a quem você direcionará a pesquisa para ser respondida. Caso você já tenha um público-alvo definido para sua marca pessoal, perfeito! Mas, se ainda não tiver essa clareza, fique tranquilo, pois aprofundaremos esse tema no próximo capítulo. E, caso ainda não tenha o seu público definido, esse trabalho pode ser feito com uma audiência preliminar com colegas de trabalho, clientes potenciais, mentores ou qualquer grupo que você deseja impactar com sua marca pessoal. Idealmente, esses indivíduos devem representar o mercado ou a comunidade que você aspira influenciar e engajar. Selecionar um público diversificado, mas relevante, o auxiliará a obter uma visão abrangente e precisa, permitindo que você construa uma marca pessoal sólida e bem posicionada.

Uma dica importante é: não considere apenas pessoas que "gostam" de você e querem agradá-lo; dê preferência para as pessoas sinceras e reforce quão importante é essa postura para o seu resultado. Lembre-se:

esteja de peito aberto para receber críticas que talvez não sejam o que você deseja ouvir. Receba como um presente que o ajudará a chegar aonde tanto almeja.

Com o público da pesquisa definido, vamos pensar agora em como escolher o método de coleta de dados: questionário on-line pelas redes sociais? Entrevistas por WhatsApp? E-mail? Você escolhe o que for mais conveniente e acessível para o público definido. Costumo utilizar o Google Forms, uma ferramenta gratuita, acessível a todos, que, além de permitir montar seu questionário, já lhe entrega as respostas consolidadas, tornando mais fácil a sua análise.

Quando desenvolver o questionário dessa pesquisa, elabore perguntas abertas e fechadas sobre aspectos relevantes da sua "marca pessoal", de modo a ter uma mistura de respostas mais objetivas e outras com uma visão mais abrangente.

Com as respostas em mãos, é hora de analisar os dados coletados de modo detalhado. Leia com atenção cada resposta. Reforço: mantenha o coração aberto para obter um diagnóstico realista e útil, que o ajudará a planejar e ajustar a sua estratégia de branding, visando fortalecer a sua marca pessoal.

A seguir, apresento uma sugestão de pesquisa que pode ser usada como referência. Sugiro, porém, que a adapte de acordo com a sua realidade, ou seja, considerando sua personalidade e suas necessidades.

Modelo de pesquisa de percepção de marca pessoal

Introduzindo o convite junto ao seu público

Olá, (nome da pessoa),

Estou superfeliz em compartilhar que decidi fortalecer meu posicionamento e minha marca pessoal. Para me ajudar a fazer um diagnóstico da percepção que meu trabalho gera nas pessoas, escolhi a dedo um grupo muito especial de pessoas que, acredito fortemente, podem colaborar comigo nessa jornada.

Preparei uma pesquisa super-rápida que me ajudará muito. Conto com a sua sinceridade ao preencher, pois isso vai fazer grande diferença para mim e para meu time.

Você pode acessar a pesquisa por meio deste QR Code:

Obrigado(a) por seu tempo e sua sinceridade.

Pesquisa de marca pessoal

CONHECIMENTO DA MARCA

- Como você me conheceu? (Resposta aberta)
- Há quanto tempo você me conhece?
  - ☐ Menos de 1 ano
  - ☐ 1 a 3 anos
  - ☐ Mais de 3 anos

IMAGEM DA MARCA

- Quais são as três primeiras palavras que vêm à sua mente quando pensa em mim? (Resposta aberta)
- Em uma escala de 1 a 5, como você classificaria a confiança que tem em mim?
  - ☐ 1 - Muito baixa
  - ☐ 2 - Baixa
  - ☐ 3 - Neutra
  - ☐ 4 - Alta
  - ☐ 5 - Muito alta
- Quais valores você associa à minha pessoa? (Selecione todas as opções que se aplicam)
  - ☐ Integridade

- ☐ Inovação
- ☐ Profissionalismo
- ☐ Empatia
- ☐ Liderança
- ☐ Outros (especifique)

EXPERIÊNCIA E RELACIONAMENTO

- Se houver, descreva aqui a sua experiência ao interagir comigo. (Resposta aberta)
- Em uma escala de 1 a 5, como você classificaria a qualidade das interações que teve comigo?
  - ☐ 1 - Muito ruim
  - ☐ 2 - Ruim
  - ☐ 3 - Neutra
  - ☐ 4 - Boa
  - ☐ 5 - Excelente
- Você me recomendaria a outras pessoas? Por quê? Em quais situações? (Resposta aberta)

POSICIONAMENTO

- Em qual área você acredita que eu seja mais reconhecido(a)?
  - ☐ Liderança
  - ☐ Inovação
  - ☐ Comunicação
  - ☐ Mentoria
  - ☐ Empreendedorismo
  - ☐ Outros (especifique)
- Em sua opinião, o que me diferencia de outros profissionais na mesma área? (Resposta aberta)

FEEDBACK ABERTO

No que você acredita que eu possa melhorar em minha abordagem ou comunicação? (Resposta aberta)

Quais sugestões você tem para fortalecer a minha marca pessoal? (Resposta aberta)

PERCEPÇÃO DE PRESENÇA ON-LINE

- Em quais plataformas você costuma acompanhar o meu trabalho? (Selecione todas as que se aplicam)

  ☐ LinkedIn

  ☐ Instagram

  ☐ Facebook

  ☐ TikTok

  ☐ YouTube

  ☐ Blog pessoal

  ☐ Outros (especifique)

- Como você classificaria a qualidade do conteúdo que eu compartilho nessas plataformas?

  ☐ 1 - Muito ruim

  ☐ 2 - Ruim

  ☐ 3 - Neutra

  ☐ 4 - Boa

  ☐ 5 - Excelente

EXPECTATIVAS FUTURAS

- Quais temas você gostaria de ver mais abordados em meu conteúdo? (Resposta aberta)

- Como você gostaria que eu interagisse mais com meu público? (Ex.: vídeos ao vivo, webinars, posts escritos etc.) (Resposta aberta)

A construção de uma marca pessoal exige o amadurecimento do posicionamento alinhado ao seu autoconhecimento e propósito. Sem isso, ela se torna vazia, rasa, e pode levar você para um lugar sem autenticidade.

Para amadurecer essa ideia, passamos por diversas etapas. A pesquisa de percepção junto ao seu público é um excelente começo, mas existem outras ferramentas. Vamos ver quais são!

A CONSTRUÇÃO DE UMA MARCA PESSOAL EXIGE O AMADURECIMENTO DO POSICIONAMENTO ALINHADO AO SEU AUTOCONHECIMENTO E PROPÓSITO. SEM ISSO, ELA SE TORNA VAZIA, RASA, E PODE LEVAR VOCÊ PARA UM LUGAR SEM AUTENTICIDADE.

BRANDFORMANCE

@RESPALLICCI

RODA DA VIDA

Cada vez mais, as marcas pessoais estão integrando aspectos da vida de seus criadores, como hobbies, família, rotina, espiritualidade, e isso ocorre por diversas razões. Em primeiro lugar, as pessoas buscam autenticidade e se conectam mais facilmente com indivíduos que se mostram genuínos e transparentes. Ao compartilhar aspectos pessoais, a marca se torna mais humana e acessível, facilitando a criação de vínculos emocionais com o público. Além disso, em um mercado saturado, a personalização é crucial, pois ajuda a diferenciar uma marca de outras, criando uma identidade única e distinta.

Mostrar vulnerabilidades e desafios pessoais também pode construir confiança. As pessoas tendem a confiar mais em quem elas sentem que conhecem bem, incluindo suas lutas e vitórias. Nesse contexto, histórias pessoais aumentam o engajamento, afinal, são mais envolventes e ressoam com o público, levando a mais interação e lealdade. Essas características fazem da marca pessoal algo mais coerente e consistente, uma vez que refletem a verdadeira identidade da pessoa, resultando em uma comunicação sincera.

Uma ferramenta já bem disseminada para auxiliar na análise de diferentes áreas da vida de um indivíduo é a roda da vida – uma representação gráfica que ajuda a visualizar o grau de satisfação em diferentes áreas da vida.

Desde que a descobri, preencho-a com certa periodicidade, com o intuito de ter uma visão das áreas da minha vida que mais preciso focar. Claro que, em determinados momentos, nós até já sabemos onde está precisando de mais atenção, mas nem sempre isso fica claro. Ainda mais quando estamos em meio a um turbilhão de emoções e afazeres.

Essa ferramenta poderosa é composta de um círculo dividido em quatro dimensões, cada uma com três seções que representam um aspecto da vida. Para utilizá-la, devemos avaliar cada área em uma escala de 1 a 10, marcando os pontos na roda. A conexão dos pontos cria uma figura que mostra o equilíbrio ou desequilíbrio entre as áreas.

Vamos conhecer, então, essas quatro dimensões e suas respectivas seções? São as seguintes:

Primeira dimensão – Relacionamentos			
Seções	**Família** – Reflete a qualidade das relações com familiares próximos	**Amor** – Avalia a satisfação no relacionamento amoroso ou a falta dele	**Vida social** – Mede o grau de satisfação com a vida social e as amizades
Perguntas a serem feitas:	• Tenho um bom relacionamento com meus familiares? • Como está a comunicação entre mim e minha família? • Sinto-me apoiado e compreendido por minha família? • Participo ativamente da vida de meus familiares?	• Estou satisfeito com meu relacionamento amoroso atual? • Sinto-me amado e valorizado pelo(a) meu(minha) parceiro(a)? • Tenho um bom equilíbrio entre independência e proximidade no relacionamento? • Se estou solteiro, como me sinto em relação a isso? Estou satisfeito com minha vida amorosa?	• Tenho amigos com quem posso contar? • Participo regularmente de atividades sociais que me fazem feliz? • Sinto-me conectado com meu círculo social? • Estou satisfeito com a qualidade e a quantidade de minhas amizades?

Segunda dimensão – Qualidade de vida			
Seções	**Criatividade e diversão** – Avalia o tempo e a satisfação dedicados a atividades criativas e de lazer	**Paz e felicidade** – Reflete a sensação geral de tranquilidade e felicidade na vida	**Espiritualidade** – Mede o nível de conexão espiritual e satisfação com práticas espirituais ou religiosas

Perguntas a serem feitas:	• Dedico tempo suficiente para atividades criativas e de lazer? • Sinto-me realizado com as atividades que faço para me divertir? • Minhas atividades de lazer me trazem alegria e satisfação? • Busco novas experiências para estimular minha criatividade?	• Sinto-me geralmente tranquilo e em paz com minha vida? • Sou feliz com minha rotina diária e minhas escolhas de vida? • Tenho momentos de alegria e felicidade regularmente? • Consigo lidar bem com o estresse e as adversidades?	• Tenho uma prática espiritual ou religiosa que me satisfaz? • Sinto-me conectado com algo maior do que eu mesmo? • Minhas crenças espirituais ou religiosas me trazem paz e conforto? • Dedico tempo suficiente para minha vida espiritual?

Terceira dimensão – Profissional			
Seções	**Realização e propósito** – Avalia a sensação de realização no trabalho e a clareza de propósito	**Recursos financeiros** – Mede a satisfação com a situação financeira	**Contribuição social** – Reflete o impacto e a contribuição pessoal para a sociedade
Perguntas a serem feitas:	• Sinto-me realizado no meu trabalho atual? • Meu trabalho está alinhado com meus valores e propósito de vida? • Tenho clareza sobre meu propósito profissional? • Estou progredindo na minha carreira como gostaria?	• Estou satisfeito com minha situação financeira atual? • Tenho um plano financeiro claro e realista para o futuro? • Minhas finanças estão sob controle e bem gerenciadas? • Sinto-me seguro financeiramente?	• Sinto que estou contribuindo positivamente para a sociedade? • Participo de atividades ou causas sociais que considero importantes? • Meu trabalho ou ações diárias têm um impacto positivo no mundo? • Estou satisfeito com minha contribuição para a comunidade?

Quarta dimensão – Pessoal			
Seções	**Saúde e disposição** – Avalia o estado geral de saúde física e energia	**Desenvolvimento intelectual** – Mede o crescimento e desenvolvimento pessoal por meio de aprendizado e educação	**Equilíbrio emocional** – Reflete a estabilidade e gestão das emoções
Perguntas a serem feitas:	• Tenho uma boa saúde física e me sinto energizado? • Faço exercícios regularmente e cuido da minha alimentação? • Durmo bem e sinto-me descansado? • Tenho hábitos saudáveis que me ajudam a manter a disposição?	• Estou continuamente aprendendo e me desenvolvendo intelectualmente? • Dedico tempo para ler, estudar ou aprender novas habilidades? • Sinto-me desafiado intelectualmente? • Tenho metas claras para meu desenvolvimento pessoal?	• Consigo gerir bem minhas emoções e manter a calma em situações de estresse? • Sinto-me emocionalmente equilibrado e estável? • Tenho estratégias eficazes para lidar com sentimentos negativos? • Estou satisfeito com minha saúde emocional e mental?

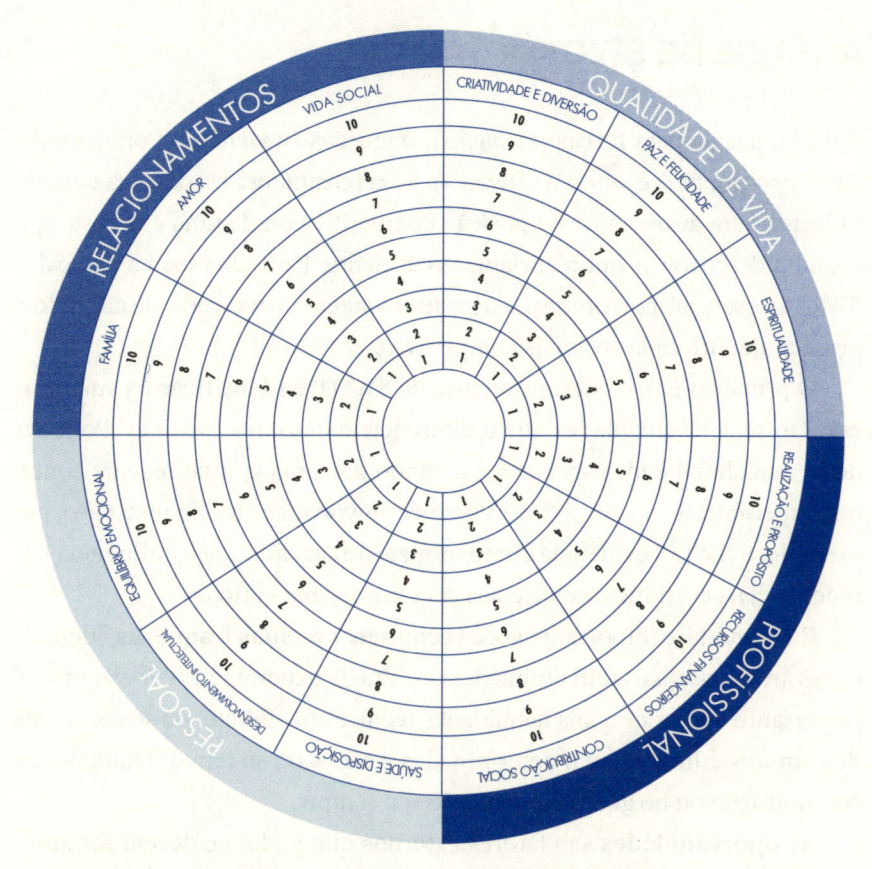

Você deve preencher uma nota de 1 a 10 para cada aspecto da vida com absoluta sinceridade. Em seguida, medite em cima da figura que se formar. Há áreas sendo negligenciadas? Você se sente feliz com a figura que enxerga? Isso representa você como pessoa e como marca pessoal? Ou precisa de ajustes?

Enfim, agora que já lhe apresentei rapidamente a roda da vida, você pode acessar o QR Code para preencher a sua! Depois, baixe o arquivo e guarde-o com você. Assim, você poderá comparar a sua evolução ao longo do tempo.

Roda da vida

ANÁLISE DE SWOT

SWOT é a sigla para forças (*strengths*), fraquezas (*weaknesses*), oportunidades (*opportunities*) e ameaças (*threats*). Essa ferramenta estratégica é muito utilizada para avaliar a nossa posição competitiva ou de uma empresa, ajudando a desenvolver um planejamento eficiente. Para uma marca pessoal, a SWOT é essencial, pois otimiza seu posicionamento no mercado, destacando-o nesse ambiente cada vez mais competitivo.

O primeiro passo em uma análise de SWOT é **identificar as suas forças**. Ou seja, as qualidades que o diferenciam de outras pessoas. Pode ser desde uma habilidade específica, passando por uma grande rede de contatos, experiências únicas, *soft skills* bem desenvolvidas etc. No meu caso, por exemplo, a SWOT evidencia como minhas forças: liderança, influência nas redes sociais e a minha experiência no setor farmacêutico.

Em seguida, é importante você **reconhecer as suas fraquezas**, identificar as áreas nas quais tem limitações ou falta de experiência. Por exemplo, é importante entender quais habilidades técnicas lhe faltam, ou se a sua rede de contatos é limitada em determinados setores ou se tem dificuldades na comunicação ou no gerenciamento do seu tempo.

As oportunidades são fatores externos que podem e devem ser aproveitados para você avançar com o planejamento da sua marca pessoal. Isso engloba, por exemplo, as tendências de mercado favoráveis, novas tecnologias, boas mudanças nas regulamentações do setor em que você atua ou, até mesmo, novas conexões profissionais que você pode vir a fazer. Para mim, Renata Spallicci, uma oportunidade poderia ser o aumento crescente do interesse das pessoas por líderes empresariais autênticos e inspiradores nas redes sociais.

Por último, **as ameaças**, isto é, fatores externos que podem causar problemas para a sua marca pessoal. Aqui, podemos incluir concorrência intensa, mudanças desfavoráveis nas regulamentações, crises econômicas ou qualquer outro fator externo capaz de afetar negativamente a percepção e a relevância da sua marca pessoal.

Uma vez identificados os pontos-chave de cada um desses fatores, fica mais fácil desenvolver um plano de ação estratégico para fortalecer as áreas de fraqueza, aumentar e dar visibilidade às suas forças, explorar melhor e ser proativo diante das oportunidades e se preparar melhor para enfrentar as ameaças. Uma dica: pense com sinceridade e coragem em especial sobre os fatores negativos. Essa atitude é essencial para uma análise confiável.

Para mim, essa análise é uma ferramenta vital que me faz manter a relevância e me alimenta para continuar impactando positivamente o meu público-alvo e o setor em que eu atuo profissionalmente.

Acesse o QR Code e preencha sua análise!

Análise SWOT

PROPÓSITOS SÃO MUTÁVEIS, E ESTE LIVRO É UMA PROVA DISSO

Ter um propósito é buscar uma força que orienta nossas ações e decisões, dando mais sentido e direção à nossa vida. E, ao pensar e repensar sobre qual tem sido o meu, cheguei a um "comando" que exercito comigo mesma todos os dias. Isso me dá uma coragem que você não imagina! E todas as ferramentas compartilhadas há pouco – pesquisa de percepção, roda da vida, análise de SWOT – ajudam nisso.

Eu sempre soube que o meu propósito estava ligado a desenvolvimento de pessoas, empoderamento e proporcionar oportunidades. É algo que me permite, ao longo do tempo, encontrar diferentes projetos que cumpram esse papel. É o caso dos meus livros, que já abordaram temas diversos, mas sempre dentro de um mesmo propósito.

O propósito, claro, não precisa (e nem deve) ser imutável. Afinal, vamos mudando, evoluindo, nos construindo, e o nosso propósito precisa sempre estar alinhado com a nossa essência.

Há uma frase do escritor uruguaio Eduardo Galeano que me dá um ótimo insight sobre o que seria um propósito de vida, aqui representado pelo autor como "a utopia".

A utopia está lá no horizonte.
Me aproximo dois passos, ela se afasta dois passos.
Caminho dez passos e o horizonte corre dez passos.
Por mais que eu caminhe, jamais alcançarei.
Para que serve a utopia?
Serve para isso: para que eu não deixe de caminhar.[19]

Relendo esse poema, me vem à memória uma lembrança querida: a figura do meu avô sentado em sua cadeira de balanço. Quero explorar essa história um pouquinho, é importante.

Visitar meu avô há alguns anos é uma lembrança marcante para mim, assim como o rosto dele bem sulcado da idade e seu corpo cansado, repousando na dita cadeira. Ele me recebia para conversas curtas, porque era muito objetivo e não gostava de prolongar as visitas. Eu me sentava em uma poltrona na frente dele e saía de lá sempre muito pensativa. Ele queria saber sobre a Apsen, aonde não podia mais ir pessoalmente. Nessas horas, eu pensava: *Caramba, e quando eu estiver nessa cadeira de balanço? Como eu quero me sentir, o que eu quero ter feito, com o que me preocuparei?*

Nessa época, eu já sabia que queria ser escritora e compartilhar o meu conhecimento, os meus estudos. A questão é que meu avô era um grande apaixonado por livros. Tinha em casa uma biblioteca catalogada, algo absolutamente incrível! A semente de escrever livros foi plantada por ele, que não fazia ideia disso, nem do quanto eu admirava aquela biblioteca. A possibilidade de ser escritora só veio se concretizar em 2017, e logo ganhou absoluta clareza de propósito na minha vida.

Falando em livros, é aí que também entra a participação de uma amiga querida, a Rosely Boschini, da Editora Gente. Sem sombra de dúvidas, ela

---

[19] GALEANO, E. **Las palabras andantes**. Buenos Aires: Catálogos, 1993.

é uma das minhas grandes mentoras de carreira. Foi a pessoa que mais me provocou e tirou da zona de conforto.

Apesar de eu ser uma pessoa ambiciosa e ousada, que sempre exercitou o pensar no futuro, também tenho outro lado: uma visão diminuta de quem eu era e de quem eu poderia ser. A Rosely entrou em minha vida para me fazer enxergar tudo o que eu já havia conquistado, quem eu de fato era e sou.

Essa lapidação da Renata indivíduo e da minha marca pessoal tem o carimbo dela (obrigada, Rosely!). Foi em função desses insights que nasceu o meu segundo livro, que aumentou e consolidou o meu desejo de continuar compartilhando cada vez mais a minha essência e tudo o que aprendi. Ainda me lembro das palavras dessa amiga: "Quem você é e representa é muito maior do que está apresentando ao mundo". E foi assim, aprendendo quem sou, reunindo coragem, evoluindo, que "cravei" junto ao meu propósito que gostaria de escrever um livro por ano. E estou cumprindo!

Há inúmeros exemplos a serem seguidos de pessoas com propósito. Mahatma Gandhi e Martin Luther King Jr. são exemplos luminosos de como a dedicação a princípios de não violência e igualdade podem inspirar mudanças globais. Gandhi, com sua filosofia de *ahimsa*, não apenas libertou a Índia como também influenciou movimentos de direitos civis em todo o mundo. Seguindo seus passos, King lutou pela justiça social nos Estados Unidos, promovendo uma visão segundo a qual as pessoas seriam valorizadas por seu caráter, não pela cor da pele. Ambos demonstram como um propósito bem definido e altruísta pode direcionar transformações sociais significativas.

Além deles, Malala Yousafzai, Nelson Mandela e Marie Curie exemplificam a força transformadora de um propósito focado. Malala, ativista pelo direito à educação das meninas, continuou sua missão mesmo após um ataque violento. Mandela, após décadas de prisão, liderou a desmontagem do apartheid com uma visão de reconciliação e unidade. Curie, pioneira na ciência, abriu caminho para futuras gerações de mulheres na ciência através de suas descobertas. Essas figuras ressaltam como o comprometimento com um propósito pode ser a chave para mudanças duradouras e impactantes.

Inspirador, não? Saiba que todas essas pessoas citadas têm um porquê claro. É isso o que afirma Simon Sinek, em seu livro *Comece pelo porquê*.[20] O autor sugere que, para encontrar nosso propósito, devemos nos perguntar: "Por que faço o que faço? O que me motiva a agir?". Assim, quando temos a resposta a essas perguntas, nossas ações se tornam mais coerentes e inspiradoras, tanto para nós mesmos quanto para os outros.

Apegue-se a esses exemplos inspiradores e tantos outros que há no mundo. Com certeza, ajudarão você na busca pelo seu propósito.

BUSCANDO O SEU PROPÓSITO

Para continuar ajudando você a encontrar o seu propósito, quero falar um pouquinho sobre a visão de alguns estudiosos a respeito de propósito e quais caminhos seguir para identificá-lo.

Vamos começar com o *ikigai*. Já ouviu falar? É um conceito japonês que combina quatro elementos: o que você ama, no que você é bom, o que o mundo precisa e pelo que você pode ser pago – tem tudo a ver com propósito, certo?

Descobrir o ikigai é um processo de introspecção e exploração contínua. Héctor García e Francesc Miralles, autores de *Ikigai: os segredos dos japoneses para uma vida longa e feliz*,[21] nos ensinam que o alinhamento desses quatro elementos pode levar a uma vida de significado e satisfação. A felicidade está sempre determinada pelo seu *ikigai* – aquilo que você ama fazer e que traz significado à sua vida.

No campo da motivação e propósito, é importante também abordar o trabalho de Daniel H. Pink, em *Motivação 3.0*.[22] Ele explora como a motivação humana é impulsionada por três elementos essenciais: autonomia,

---

[20] SINEK, S. **Comece pelo porquê**: como grandes líderes inspiram pessoas e equipes a agir. Rio de Janeiro: Sextante, 2018.

[21] GARCÍA, H.; MIRALLES, F. **Ikigai**: os segredos dos japoneses para uma vida longa e feliz. Rio de Janeiro: Intrínseca, 2018.

[22] PINK, D. H. **Motivação 3.0 – Drive**: a surpreendente verdade sobre o que realmente nos motiva. Rio de Janeiro: Sextante, 2019.

maestria e propósito, defendendo que a motivação humana é mais sustentável e eficaz quando as pessoas têm autonomia, buscam maestria em suas habilidades e encontram um propósito significativo no que fazem.

Nesse contexto, autonomia refere-se ao desejo de direcionar nossas próprias vidas, o que inclui a liberdade em relação às tarefas, tempo, técnica e equipe; maestria é o desejo de se tornar cada vez melhor em algo que importa, sendo um processo contínuo de aprendizado e aprimoramento; e o propósito é o desejo de fazer o que fazemos em serviço de algo maior do que nós mesmos, conferindo significado ao trabalho e motivando as pessoas a se dedicarem mais ao seu trabalho, buscando um impacto positivo no mundo.

Segundo o autor, para encontrar nosso propósito, devemos nos perguntar como podemos usar nossas habilidades e paixões para contribuir positivamente para o mundo. Essa orientação externa, combinada com uma introspecção profunda, pode revelar um propósito que é, ao mesmo tempo, pessoal e universal.

Outro conceito fundamental para a busca do propósito pessoal é o de mentalidade de crescimento. Assunto muito bem abordado no livro *Mindset: a nova psicologia do sucesso*,[23] da autora Carol S. Dweck, professora de Psicologia na Universidade Stanford. A especialista argumenta que "a paixão por se desenvolver e por agarrar oportunidades de crescimento é a marca de uma mentalidade de crescimento". Para Dweck, um propósito pessoal deve incluir um compromisso com o crescimento e a aprendizagem contínuos. Essa mentalidade nos incentiva a ver cada desafio como uma oportunidade de aprendizado e cada fracasso como um passo em direção ao sucesso. Adotar uma mentalidade de crescimento significa estar aberto a novas experiências e aprender constantemente, o que pode nos ajudar a descobrir e refinar nosso propósito.

Se, por um lado, Carol S. Dweck destaca a importância de adotar uma mentalidade de crescimento para enfrentar desafios e aprender com eles, Stephen R. Covey, por outro, nos lembra que é crucial ter uma visão clara do destino que queremos alcançar para efetivamente moldar nosso caminho e atingir nossas

---

[23] DWECK, C. S. **Mindset**: a nova psicologia do sucesso. Rio de Janeiro: Objetiva, 2017.

metas. No livro *Os 7 hábitos das pessoas altamente eficazes*,[24] ele enfatiza a importância de "começar com o fim em mente". Segundo o autor, definir um propósito pessoal é essencial para alinhar nossas ações e decisões com os objetivos de longo prazo. "Todas as coisas são criadas duas vezes: há uma criação mental e uma criação física", declara. Se temos em mente, claramente, o que queremos alcançar, podemos criar um plano de ação para nos guiar em direção ao nosso propósito – e é sobre planejamento que vamos conversar a seguir.

PLANEJAMENTO ESTRATÉGICO PARA SUA VIDA E MARCA PESSOAL

A maioria das empresas se debruça com afinco e dedicação sobre dados, métricas, metas e condições para traçar planejamentos estratégicos de futuro (na Apsen não é diferente). Fazemos isso nos negócios, mas acabamos negligenciando nossos planos quando se trata da vida pessoal. Por quê?

Sabe uma coisa que me incomoda? Quando as pessoas se queixam de que o tempo está passando rápido demais e nada fizeram. Mal o Carnaval começou e já estão dizendo que em breve o Natal chega, e nem sequer perceberam, pois não aproveitaram o período. A minha impressão é que essas pessoas estão apenas sobrevivendo um dia após o outro. Quem traça planos robustos para a própria vida e têm consciência do seu propósito até sente o tempo passar rápido, mas jamais pensará que não aproveitou ou vivenciou esse tempo.

Gosto de criar um planejamento pessoal de cinco anos, pois não é de curto nem de longo prazo, fica bem ali no meio. Pensando nesse tempo, traço meus objetivos e todos os passos que preciso executar para chegar aonde desejo. Começo pelo objetivo maior (o final) e depois vou desmembrando-o em ações anuais, mensais, semanais e, em alguns casos, diárias.

Vamos supor que eu tenha como meta para daqui a cinco anos fazer parte de alguns conselhos de administração de empresas familiares em fase de sucessão. Então, eu começo a refletir sobre como agir para alcançar esse objetivo. Me faço perguntas como: o que preciso fazer para chegar lá? Há

---

[24] COVEY, S. R. **Os 7 hábitos das pessoas altamente eficazes**. Rio de Janeiro: BestSeller, 2017. p. 101.

algum tipo de educação formal que eu possa buscar? Tenho como buscar um mentor sobre esse tema? E em termos de networking, com que tipo de pessoas devo tentar me conectar? Por que essa minha meta está ligada ao meu propósito de vida? Há alguma atividade que eu tenha que sacrificar para alcançar o meu objetivo?

Respondo a todas as perguntas e, a cada ano, acompanho o plano, faço ajustes de rota e confiro se ainda faz sentido para mim... Passados os cinco anos, faço um novo planejamento para os próximos cinco, e assim sucessivamente. Foi dessa maneira que o projeto de me tornar uma escritora com uma obra anual surgiu, entre outros tantos em minha vida!

No QR Code a seguir, você poderá preencher seu planejamento de cinco anos. Escolha um momento especial, coloque uma música de que gosta, abra um vinho. Ou escute uma meditação para entrar no clima e deixe sua capacidade de visualização de futuro lhe mostrar quem você quer ser daqui a cinco anos. Como você quer se sentir? Onde você quer estar? Com quem? Tente materializar o máximo de detalhes em sua mente!

Planejamento de cinco anos

A busca pelo propósito pessoal é uma jornada de toda uma vida. O propósito não precisa ser algo estático, fechado em si mesmo. É uma dança contínua entre introspecção/reflexão e movimento/ação. Um processo dinâmico que nos desafia a crescer, a aprender e a nos reinventar constantemente. Encontrar o seu propósito é mais do que descobrir o que o move; é usar essa descoberta para fazer a diferença no mundo e deixar a sua marca de forma positiva, durante muito tempo.

Com base em tudo isso, proponho a você começar a construir, lapidar ou até repaginar – se for esse o caso – a sua marca pessoal.

Espero que eu tenha tocado seu coração para fortalecer sua grande missão neste mundo!

CAPÍTULO 06

PROJETANDO SUA ASSINATURA NO MUNDO

Transforme sua jornada em uma obra de arte, em que cada conquista e desafio contribuem para a assinatura única que você deixa no mundo.

O propósito é nossa assinatura no mundo, uma marca única que nos distingue. Para que o seu propósito de vida faça realmente sentido e tenha ainda mais força, é essencial que ele esteja profundamente integrado à sua personalidade. Ele deve ser visível em todas as suas ações e comportamentos. Nesse contexto, a construção da marca pessoal se torna vital, pois ela é a manifestação visível do seu propósito, a forma como você comunica ao mundo quem você é e o que representa.

Em um mundo no qual uma imagem fala mais que mil palavras, onde todos nós somos uma marca em potencial, saber navegar nessa realidade e, mais do que isso, conseguir se destacar entre "tanto de tudo", é um trabalho que necessita de planejamento e conhecimento.

Se algumas grandes marcas pessoais do passado foram construídas instintivamente, hoje, em meio a tanta competividade e visibilidade, é essencial que tenhamos em mente as teorias e técnicas que podem nos auxiliar a ser mais assertivos naquilo que queremos comunicar.

Mas isso não quer dizer que temos que seguir uma receita ou uma fórmula pronta! Não, não... Até porque, neste mundo fluido e incerto sobre o qual lutamos incessantemente para firmar nossos pés, não dá para ficar parado, engessado, rígido. É preciso saber dançar conforme a música. No caso do mundo corporativo, a "dança" requer jogo de cintura, habilidades, autoconhecimento e coragem para enfrentar mudanças.

As descobertas tecnológicas nos pedem essa velocidade de compreensão da realidade a todo momento. E eu diria que uma das nossas principais tarefas hoje é a de reconhecermos a necessidade de assumirmos a responsabilidade pela nossa carreira no mundo profissional, e pelos nossos erros, acertos e capacidade de mudança na nossa vida pessoal.

Assim como falamos sobre a coragem para abandonar os sobrenomes corporativos para assumir a sua verdadeira identidade, é chegada a hora de tomar as rédeas de sua carreira e de sua trajetória pessoal. Para tanto, encontrar, construir ou aprimorar a sua marca pessoal, gerindo-a de modo consistente, é o mínimo necessário para quem quer ser dono do próprio nariz. E um dos primeiros passos para isso é conhecer o seu branding.

MAS, AFINAL, O QUE É BRANDING?

Você sabe o que é branding. Talvez não reconheça o nome, mas, com certeza, já teve contato com o conceito, pois somos impactados e influenciados por marcas – do Mickey ao Homem de Ferro, tudo é branding.

Mas vamos um pouco mais fundo nesse conceito tão importante para o desenvolvimento da marca pessoal.

Branding é um conjunto de ações alinhadas ao posicionamento, propósito e valores da marca que visam construir, gerenciar e melhorar a percepção de uma marca por parte do público. Essa prática é essencial tanto para empresas quanto para pessoas, pois ajuda a diferenciar-se no mercado, construir reputação e criar conexões emocionais com o público.

Para empresas, um branding forte pode significar a diferença entre ser um líder de mercado e apenas mais um concorrente. Ele ajuda a construir uma identidade única, criar lealdade do cliente, comunicar valor e atrair talentos.

Já para as pessoas, o personal branding – nosso foco neste livro – pode abrir portas para novas oportunidades, construir uma reputação sólida e posicionar você como especialista em seu campo. A verdade é que cada indivíduo é uma marca.

Quem popularizou, em 1997, a expressão "personal branding" foi Tom Peters, escritor e economista estadunidense. De acordo com Peters, você deve pensar como uma marca. Imagine-se como um produto nas prateleiras de um supermercado – o que o destaca? Quais são suas qualidades únicas? Este é o ponto de partida: reconhecer que você tem algo único a oferecer. Não adianta somente ter conteúdo. Pense nas suas habilidades, experiências e até no seu jeito de ser. É essa combinação que o diferencia.

Peters nos lembra ainda que precisamos ter uma proposta de valor clara. O que você faz de melhor? Isso significa que, além de saber, você deve comunicar o que faz bem e como isso beneficia os outros. Pergunte-se: por que alguém escolheria você em vez de outra pessoa? Sim, você precisa se vender! Isso pode soar estranho, mas é crucial. Crie um portfólio, tenha uma presença on-line forte (um site pessoal, perfis em redes sociais), construa e nutra sua rede de contatos. Fique no radar! Participe de eventos, escreva artigos, mostre ao mundo o seu valor.

Mas faça isso tudo sem abrir mão de quem você é. Parece clichê, mas é a verdade. Autenticidade é a chave. Quando você é autêntico, as pessoas confiam em você e querem se conectar. Não tente ser quem não é – sua marca deve refletir a sua essência.

Outro conceito importante de ser abordado é o de "primal branding". Aprendi bastante sobre o assunto ao ler *Primal Branding: Create Zealots for Your Brand, Your company, and Your Future*, de Patrick Hanlon.[25]

Nossa, quando conheci a teoria desse autor, eu pirei legal! Ele desenvolve o conceito por meio de um conjunto de princípios comuns que ele chama de "códigos primais", que geram uma conexão profunda e emocional com os consumidores, e é algo simplesmente incrível! Passei a identificar cada um desses códigos em pessoas que eu admiro como marca pessoal e vi que fazem todo o sentido do mundo! Desde então, aplico o conceito à minha marca pessoal e, de tempos em tempos, revisito cada um desses códigos. E tenho certeza de que também será uma ferramenta poderosa para você desenvolver a sua marca pessoal.

Segundo Patrick Hanlon, há sete chaves para você conquistar o seu público: história, crenças, ícones, rituais, linguagem, os descrentes (os *haters* da internet, por exemplo) e liderança. Esses elementos são essenciais para

---

[25] HANLON, P. **Primal Branding**: Create Zealots for Your Brand, Your Company, and Your Future. New York: Free Press, 2011.

uma comunicação certeira da sua marca pessoal, pois moldam o senso de pertencimento (as pessoas sentem que também pertencem ou desejam pertencer).

A seguir, vamos analisar cada uma dessas chaves e como elas fazem a diferença. Vou compartilhar exemplos de marcas pessoais fortes e mostrar como eu apliquei cada um desses conceitos na minha marca. Vamos lá?

VOCÊ TEM UMA HISTÓRIA PARA CONTAR?

Esse é o primeiro dos pilares. Aprendi com o autoconhecimento que somos a história que contamos de nossas vidas. Um fato ruim pode destruir sua vida e a história que você conta dela, ou pode se tornar uma alavanca de crescimento e uma história de superação. Entender cada desafio da sua vida e conferir significado a eles traz empoderamento e lhe permite construir uma narrativa honrosa de sua vida.

Quando a sua narrativa transmite os seus verdadeiros sentimentos, suas vulnerabilidades e o valor da sua trajetória, as pessoas se sentem mais próximas da sua intimidade, o que é valiosíssimo. Por isso, você precisa saber trabalhar uma narrativa de credibilidade – quem você é e de onde veio, por que chegou aonde está, as dificuldades que encontrou, as superações. Tudo isso é poderoso e relevante.

Tomemos o exemplo de Anitta, uma das maiores estrelas da música pop brasileira, que soube utilizar magistralmente o poder da narrativa para construir e fortalecer sua marca pessoal. Nascida Larissa de Macedo Machado, sua história, desde suas origens humildes em Honório Gurgel, subúrbio do Rio de Janeiro – ela começou a cantar em igrejas e pequenos eventos locais –, até o estrelato global, enfatiza a perseverança, a determinação e o trabalho árduo. Ao adotar o nome artístico inspirado em uma personagem de TV, Anitta começou a forjar uma identidade artística fortemente ligada às suas raízes e autenticidade. Ela usou sua história pessoal de forma estratégica para construir sua marca, integrando elementos de sua vida em suas músicas, videoclipes e aparições públicas. Perceba como cada fase de sua carreira foi evidenciada por marcos que ela compartilhou com o público, desde seus primeiros sucessos no funk carioca até sua transição para uma carreira internacional.

Essa narrativa de superação ressoou com seu público, criando um vínculo emocional forte. Anitta não apenas canta sobre sua jornada, mas a vive intensamente, reforçando a mensagem de que, com dedicação, grandes feitos são possíveis, independentemente das circunstâncias iniciais. Profissionalmente, ela mostrou ser uma artista e empreendedora autossuficiente, que gerencia sua carreira e toma decisões estratégicas, como aprender novos idiomas, colaborar com artistas internacionais e diversificar seus negócios.

Além disso, ela utiliza sua história para abordar temas sociais e culturais, posicionando-se como uma voz influente em questões como igualdade de gênero, diversidade e inclusão. Ao integrar esses elementos em sua trajetória, ela fortalece sua marca pessoal, tornando-se não apenas uma estrela pop mas também uma figura de impacto social.

Importante reforçar que uma história não necessariamente precisa ser uma "história triste", sobre quem era muito pobre e ficou muito rico, de quem foi desenganado por médicos e foi curado. Claro que histórias assim nos impactam, mas o ponto aqui é sobre você saber contar a sua história de maneira atraente, identificando e valorizando seus pontos de virada com os aprendizados e as transformações que obteve, de modo a envolver as pessoas.

Eu, por outro lado, sempre enfrentei desafios por ser uma mulher multifacetada. Sempre tive dificuldade de me encaixar em um só papel e, por isso, sofri com a descrença de muitos sobre a minha capacidade profissional. Por atuar em diversas frentes e não me furtar de viver quem desejo ser, muitas vezes fui vista como alguém que faz coisas demais, mas todas sem profundidade. Nunca refutei nada com palavras, pois acredito que a melhor resposta são os resultados que obtive ao longo da minha vida. Então, deixo-os falarem por mim. E foi assim que obtive o reconhecimento que me diferencia absurdamente da maioria das pessoas.

Minha história pessoal me credencia a lutar pelo empoderamento feminino e criar conexões com mulheres que, como eu, enfrentam dificuldades para serem aceitas em sua autenticidade. Ser um espelho e uma referência para essas mulheres toca minha alma profundamente e alimenta meu desejo de ajudar a libertar mais e mais mulheres, possibilitando que vivam suas verdades de maneira plena e completa!

QUAIS SÃO AS SUAS CRENÇAS?

Qual é a motivação principal por trás de suas ações? Pense com calma sobre isso.

As pessoas precisam saber no que você acredita, pois elas procuram se inspirar em indivíduos que defendem crenças similares ou que desempenham suas funções de maneiras notáveis.

Para ilustrar o impacto de uma crença sólida, gostaria de mencionar Arnold Schwarzenegger, uma figura que admiro profundamente. Arnold é uma lenda no fisiculturismo, meu esporte do coração, e ele conseguiu se destacar em múltiplos campos com uma abordagem única.

Arnold construiu sua marca pessoal com base em crenças profundas que orientaram suas diversas carreiras e contribuíram para seu sucesso duradouro. No início, como fisiculturista, Arnold acreditava firmemente na disciplina extrema e na capacidade de superar os próprios limites. Ele tinha uma visão clara de seus objetivos e praticava a visualização como uma ferramenta essencial para alcançar o sucesso. Schwarzenegger estava convencido de que, por meio de treinamento rigoroso e dedicação total, poderia moldar tanto seu corpo quanto sua mente, alcançando a perfeição física que o tornaria o maior atleta de fisiculturismo do mundo.

Ao começar a atuar no cinema, essas crenças continuaram a nortear sua trajetória. Arnold manteve sua fé no trabalho árduo e na persistência, acreditando que, apesar dos desafios e das críticas negativas iniciais, ele poderia se estabelecer como uma estrela de Hollywood. Acreditava ainda que era essencial assumir riscos e permanecer fiel à sua identidade, mesmo em um ambiente que inicialmente não valorizava seu físico incomum e seu sotaque. Schwarzenegger via cada papel como uma oportunidade de provar seu valor e, por meio de seu compromisso inabalável com a excelência, conseguiu transformar personagens como Conan e Exterminador em ícones culturais, solidificando sua posição como um dos maiores astros do cinema.

Na política, as crenças de Arnold evoluíram, mas mantiveram-se enraizadas no trabalho árduo e na disciplina. Ele acreditava no serviço público como um meio de retribuir à comunidade e promover mudanças positivas. Schwarzenegger era um defensor fervoroso do "sonho americano", acreditando que todos deveriam ter a oportunidade de recomeçar e prosperar, independentemente de suas origens. Essa crença na igualdade de oportunidades e na capacidade de transformação pessoal impulsionou sua decisão de se candidatar ao cargo de governador da Califórnia. Durante seu mandato, ele se esforçou para implementar políticas que refletissem esses valores.

No meu caso, minha grande crença é a de que precisamos passar por esta vida para deixar um legado, que busco deixar por meio de minhas ações e dos aprendizados que elas me proporcionam – o que faço questão de compartilhar (este livro, inclusive, é um exemplo palpável dessa crença!).

VOCÊ TEM ÍCONES?

Ícones são os símbolos visuais e auditivos que identificam uma marca. Incluem logotipos, cores, sons (o "tudum" da Netflix, por exemplo) e até mesmo mascotes. Quando pensamos em produtos, o *swoosh* da Nike e os arcos dourados do McDonald's são exemplos.

No contexto de primal branding, um dos exemplos mais fortes e representativos é a marca pessoal de Steve Jobs, cofundador da Apple. Jobs, ao longo de sua carreira, incorporou diversos ícones e símbolos que representavam não apenas sua marca pessoal como também a filosofia e a estética da Apple.

Um dos símbolos mais icônicos associados a Steve Jobs é sua vestimenta: a famosa combinação de uma blusa de gola alta preta, jeans Levi's 501 e tênis New Balance. Esse visual se tornou sinônimo de Jobs e era uma representação física de sua filosofia de simplicidade e minimalismo. A escolha de roupas de Jobs não era apenas uma preferência pessoal, mas uma declaração de sua abordagem ao design e à inovação. Sua aparência austera e consistente tornou-se um símbolo de foco e de uma mente dedicada à criação de produtos elegantes e funcionais.

Outro símbolo poderoso de sua marca pessoal foi o próprio produto da Apple: o iPhone. Quando apresentou o primeiro iPhone em 2007, Jobs segurou o dispositivo na mão durante a apresentação, criando uma imagem icônica que simbolizou uma revolução tecnológica. O iPhone, com seu design elegante e interface intuitiva, se tornou um símbolo de inovação e mudança, e foi diretamente associado à visão e liderança de Jobs. Essa apresentação não foi apenas um lançamento de produto, mas uma performance cuidadosamente coreografada que demonstrava sua habilidade de comunicar a visão da Apple de uma forma visual e simbólica.

Os eventos de lançamento da Apple, conhecidos como *keynotes*, tornaram-se ícones em si mesmos. As apresentações de Jobs eram aguardadas com grande expectativa e ele usava essas ocasiões para construir uma narrativa em torno dos novos produtos, criando uma experiência que ia além do simples anúncio. Seu estilo de apresentação, com slides minimalistas e um discurso claro e envolvente, se tornou um símbolo de sua habilidade única de marketing e comunicação.

E QUAIS SÃO OS SEUS RITUAIS?

No contexto de personal branding, os rituais são ações repetitivas e consistentes que se tornam uma parte central da identidade de uma pessoa e ajudam a construir uma conexão emocional com seu público. Esses rituais podem ser comportamentos, práticas diárias, eventos ou hábitos que são reconhecidos e valorizados pelos seguidores. Eles ajudam a contar a história da marca pessoal e solidificam sua presença na mente das pessoas, criando um senso de continuidade e pertencimento.

Vamos ver o caso do jogador de basquete LeBron James, atleta que aprendi a admirar com o meu personal Thiago Guirra. LeBron usa rituais de maneira estratégica para construir e reforçar sua marca pessoal. Antes de cada jogo, ele lança pó de magnésio ao ar. Um gesto icônico que simboliza sua preparação mental e física, criando um momento de antecipação e emoção para os torcedores. Esse ritual não só destaca seu compromisso com a excelência esportiva, mas também se tornou uma parte integrante de sua identidade pública.

Outro exemplo é o chamado "Zero Dark Thirty-23", ação que LeBron realiza de desativar suas contas nas redes sociais durante os *playoffs* da NBA. Essa atividade sinaliza sua dedicação total ao objetivo de ganhar o campeonato, eliminando distrações e demonstrando sua ética de trabalho inabalável. Mais um ritual que reforça sua imagem de disciplina e comprometimento, ressoando profundamente com seus fãs.

O "Taco Tuesday" é outra ação que LeBron realiza de forma consistente, na qual compartilha semanalmente vídeos de sua família fazendo uma refeição de tacos. Esse ritual humaniza sua marca pessoal e mostra um lado autêntico e divertido, além de destacar valores de família e alegria nos momentos simples da vida cotidiana.

Por fim, o ativismo e a liderança comunitária de LeBron, como a fundação da *I Promise School*, demonstram seu compromisso com a justiça social e o empoderamento comunitário. Esse ritual fortalece sua marca pessoal como um líder que usa sua influência para causar um impacto positivo e duradouro na sociedade.

No meu caso, quem me conhece certamente me associa à cor azul, à minha tatuagem Paixão Azul, às minhas roupas sempre com um toque de moda, ao corpo malhado, aos cabelos geralmente bastante longos (não tão usuais para executivas). O Coração Azul, a Estrela e o uso de emojis que remetem a gratidão e espiritualidade são também ícones associados à minha marca.

QUAIS SÃO OS SEUS INIMIGOS OU DESCRENTES?

No conceito de primal branding, os descrentes são aqueles indivíduos ou grupos que se opõem, criticam ou não acreditam na marca.

Esses opositores são fundamentais na construção da identidade de uma marca, pois ajudam a definir o que ela não é, reforçando, no outro extremo, a lealdade dos seguidores. A presença de críticos pode unificar e motivar a base de fãs, criando um senso de comunidade e propósito em torno da defesa dos valores e da missão da marca. O ideal é utilizar essa oposição de maneira estratégica visando fortalecer a identidade e a presença da marca no imaginário coletivo.

Greta Thunberg, a ativista ambiental sueca, é um exemplo poderoso de como os descrentes podem ser utilizados para fortalecer uma marca pessoal. Em sua campanha global para combater as mudanças climáticas, Greta enfrenta críticas e oposição de diversos setores. As críticas variam desde questionamentos sobre sua idade e compreensão da ciência climática até ataques pessoais sobre sua aparência e comportamento.

No entanto, Greta utiliza essa oposição de maneira estratégica para fortalecer sua base de apoio. Ao responder às críticas com firmeza e clareza, ela reafirma sua posição e reforça a seriedade de sua mensagem. As críticas recebidas servem para polarizar as discussões e unificar aqueles que apoiam suas causas, criando um sentimento de solidariedade e urgência entre seus seguidores.

As críticas que Greta enfrenta não apenas destacam os desafios que ela e outros ativistas climáticos enfrentam como também reforçam sua imagem como uma jovem corajosa e determinada que luta contra grandes interesses estabelecidos. Sua imagem é de uma ativista incansável que, apesar das adversidades e ataques pessoais, continua a pressionar os poderosos e governantes por ações climáticas significativas.

Greta também utiliza plataformas digitais para amplificar sua mensagem e responder aos críticos em tempo real. Suas postagens nas redes sociais, que frequentemente abordam diretamente as críticas que recebe, mostram uma disposição de engajar e educar, ao mesmo tempo que mantêm um diálogo contínuo com seus seguidores. Esse uso das mídias sociais não só aumenta seu alcance como também permite que ela controle a narrativa, moldando como sua mensagem é percebida e recebida globalmente. Isso tudo a ajuda a construir e fortalecer uma marca pessoal poderosa e impactante.

No meu caso, eu colocaria como meus descrentes os céticos da cultura corporativa e liderança humanizada, que são pessoas ou grupos que acreditam em modelos de liderança mais tradicionais, focados exclusivamente em resultados financeiros e que minimizam a importância do desenvolvimento humano, cultura corporativa positiva e bem-estar dos colaboradores. Esses descrentes podem ver minhas abordagens como "fracas" ou "inadequadas" para o ambiente competitivo dos negócios. Além deles, há os opositores do protagonismo feminino, em um cenário onde me destaco como uma líder feminina bastante influente, que sustentam visões machistas ou que subestimam o papel das mulheres no poder. Eles podem ver meu sucesso e liderança como uma ameaça ao *status quo*.

QUAIS SÃO SUAS PALAVRAS SAGRADAS?

Palavras sagradas são termos, frases ou jargões específicos que uma marca ou figura pública utiliza repetidamente para criar uma conexão emocional com seu público, funcionando como gatilhos que evocam sentimentos e memórias específicas. Essas palavras sagradas sintetizam os valores, a missão e a identidade da marca, tornando-se facilmente reconhecíveis e carregadas de significado e, assim, ajudando a criar uma linguagem comum que une a comunidade em torno da marca.

Palavras sagradas são poderosas porque simplificam e cristalizam a essência da marca. Quando usadas de maneira consistente, elas ajudam a contar a história da marca e a reforçar seus pilares fundamentais. Essas palavras ou frases não apenas comunicam mensagens mas também ressoam em um nível mais profundo, muitas vezes se tornando mantras que os seguidores internalizam e adotam como parte de suas próprias identidades.

Faço aulas de inglês com Marina Buteler, e é incrivelmente prazeroso aprender com os *cases* e exemplos que ela traz para as aulas. Ela usa muito a cantora e compositora estadunidense Taylor Swift para ensinar algumas sofisticações da língua inglesa, mostrando como suas letras são um exemplo do uso de primal branding, especificamente no que se refere a esse tópico.

Taylor Swift, ao longo de sua carreira, construiu um conjunto de palavras e frases que se tornaram emblemáticas de sua música e de sua marca pessoal. Termos como *love story*, *bad blood*, *blank space* e *shake it off* são mais do que apenas títulos de suas músicas; são expressões que englobam emoções e experiências universais. Ao usar essas palavras sagradas de maneira consistente, a cantora cria uma linguagem comum que une seus fãs e reforça a identidade de sua marca, evocando também memórias e sentimentos específicos. Cada letra é cuidadosamente composta para capturar momentos específicos e emoções intensas, tornando suas músicas não apenas ouvidas, mas sentidas profundamente por seu público.

Eu também encontrei minha própria expressão de identidade e propósito. Desde 2015, uso as frases "Busque seu propósito. Deixe seu legado." para assinar tudo o que faço. Não são apenas um lema, mas uma manifestação profunda do que acredito e do impacto que desejo causar no mundo. Tão forte é minha conexão que as registrei em ata notarial em cartório, formalizando-as como frase autoral proprietária.

Essa frase encapsula minha jornada pessoal e profissional, refletindo minha dedicação em encontrar um sentido maior em tudo o que faço e em inspirar outros a fazer o mesmo. É um lembrete constante de que nosso tempo é limitado, mas nossas ações e o impacto que deixamos podem transcender nossas vidas. Ao assiná-las em cada projeto, em cada carta, em cada interação, sinto que estou reafirmando meu compromisso com essa missão.

"Busque seu propósito. Deixe seu legado." é mais do que uma união de palavras. É uma promessa de viver com propósito, de buscar sempre o melhor em mim e nos outros, e de deixar um legado que faça a diferença. Tornou-se uma parte integral da minha identidade.

E AÍ, VOCÊ É LÍDER? OU TEM TUDO PRA SER?

O líder é a figura central que personifica e guia a marca; é o ponto focal da identidade da sua marca, representando seus valores, missão e visão. Um líder carismático e autêntico ajuda a unir e inspirar os seguidores, criando uma conexão emocional profunda e duradoura, essencial para transmitir a narrativa da sua marca de maneira convincente.

Nessa última chave, Silvio Santos é um dos melhores representantes. Ao longo de décadas, Silvio construiu uma carreira sólida no entretenimento brasileiro, tornando-se uma figura icônica da televisão e um exemplo de liderança no primal branding. Ele não apenas fundou e liderou o SBT, uma das maiores emissoras de TV do Brasil, mas também se estabeleceu como a personificação da marca. Seu jeito de ser, sua comunicação direta, seu carisma contagiante e pessoa acessível que era o transformaram em um líder autêntico. Isso tudo ressoa profundamente com seus espectadores, que confiavam nele e se identificavam com ele.

Silvio Santos é um exemplo perfeito de como um líder pode construir e sustentar uma marca duradoura e profundamente significativa.

UM ÚLTIMO COMENTÁRIO

Aprendemos bastante sobre primal branding, não é mesmo? Mas, apesar de considerar essa ferramenta poderosa, não significa que seja uma fórmula perfeita e única.

Há algumas críticas ao primal branding, argumentando que o modelo pode simplificar demais a complexidade da construção de uma marca, ignorando fatores como dinâmica de mercado e inovações tecnológicas. Outros apontam que, enquanto o primal branding foca muito a criação de uma comunidade devota, ele pode não abordar adequadamente a necessidade de adaptação e mudança constante em um mercado em rápida evolução.

Por isso, afirmo: essa ferramenta não pode nunca prescindir dos outros pontos que já analisamos e ainda vamos comentar à frente, combinado?

Bem, antes de seguirmos, proponho um exercício que coloca em prática tudo o que vimos neste capítulo! Você pode respondê-lo a seguir ou acessá--lo pelo QR Code.

Defina seu primal branding

DEFININDO SEU PRIMAL BRANDING

Reflita sobre as perguntas a seguir e, de acordo com suas respostas, construa a sua marca pessoal baseada nos sete pilares do primal branding de Patrick Hanlon. Relembrando, eles são: história, crenças, ícones, rituais, linguagem, os descrentes e liderança.

- **Quais são os meus valores fundamentais?** (Identificar os valores pessoais que orientam suas decisões e ações pode ajudar a definir o tom e o propósito de sua marca pessoal.)
- **Quais são minhas paixões e meus interesses?** (Compreender o que você ama fazer e onde você encontra energia direciona suas escolhas de carreira e atividades que reforçam sua marca pessoal.)
- **Quais são minhas habilidades e meus pontos fortes únicos?** (Reconhecer suas habilidades distintas e como elas se destacam ajuda a diferenciar sua marca pessoal no mercado ou na comunidade em que você atua.)
- **Qual é minha história única?** (Considerar sua trajetória de vida, experiências significativas e momentos decisivos pode facilitar a construção de uma narrativa autêntica e cativante para sua marca pessoal.)
- **Quais são meus objetivos a longo prazo?** (Definir metas claras e ambiciosas pode orientar suas decisões e ações diárias, alinhando sua marca pessoal com o que você deseja alcançar no futuro.)
- **Como posso contribuir para o mundo ao meu redor?** (Pensar em como fazer a diferença positiva no mundo, seja por meio de seu trabalho, serviço à comunidade ou ativismo, fortalece sua marca pessoal.)
- **Como posso comunicar minha marca pessoal de forma consistente?** (Desenvolver uma estratégia de comunicação clara e consistente, tanto pessoalmente quanto on-line, ajuda a construir e manter uma imagem forte e coerente.)

Feito isso, considero-o apto para entrarmos em um novo capítulo! Espero você lá, mas só depois de fazer o exercício, hein?

CAPÍTULO 7

FORJANDO SUA AUTORIDADE

Autoridade na marca pessoal transforma presença em influência e seguidores em defensores.

Bom, se você chegou até este capítulo e seguiu direitinho as orientações dos anteriores, já deve conhecer os principais atributos de sua marca pessoal, seus pontos fortes, suas fraquezas, crenças, a linguagem e tudo o mais que abordamos anteriormente. Perfeito. Agora precisamos mostrar essa marca para o mundo. E é isso que vamos ver a partir de agora!

Quando penso em marca pessoal, a primeira coisa que me vem à cabeça é registrar a importância de se construir essa chancela com muito embasamento e validação. Explico melhor: não acredito em quem forja uma marca pessoal sem ter vivido uma história que comprove o seu diferencial, ou sem viver o que prega. São as suas ações responsáveis e embasadas que vão lhe conferir autoridade. E isso demanda experiência, tempo.

Construir uma marca pessoal requer responsabilidade – tanto para com você quanto para o seu público. Então, é preferível demorar um pouco no desenvolvimento do seu branding, construindo algo sólido e, principalmente, autêntico e verdadeiro. Senão é como prego na areia, sabe? Não se sustenta!

O meu caso, por exemplo. Ao longo do processo de construção da minha marca, optei pelo caminho que julgava o mais verdadeiro e sólido, e não o mais fácil. Durante essa trajetória, fui tentada por vários "gurus" a fazer concessões e deixar de lado algumas convicções para ter um alcance mais rápido. Mas eu não acredito em marcas pessoais que são apenas conhecidas, mas sim naquelas que são reconhecidas! Para mim, a visão sempre esteve acima da visibilidade, e foi esse modo de pensar que me possibilitou construir uma marca pessoal de forma gradual, porém muito consistente.

A minha jornada foi um pouco mais longa do que a de muitas pessoas que estouraram na mídia ou nas redes. Mas isso nunca me preocupou! E sabe por quê? Porque eu tinha em mente que, para atingir o meu propósito, eu só poderia fazê-lo com credibilidade e autoridade. Neste mundo onde todos têm opinião para tudo, sempre preferi preservar minhas opiniões em prol de compartilhar minhas vivências e verdades!

Por isso, quando não tenho autoridade para falar sobre determinado tema, não penso duas vezes em buscar especialistas, para reforçar um conceito, um pensamento, para embasar e sedimentar de forma mais robusta a autoridade que desejo desenvolver naquele assunto. Você mesmo está sendo testemunha desse meu modo de agir neste exato momento. Já citei vários mestres, vários autores que me ensinaram e continuam me ensinando sobre marca pessoal.

Saiba que, para estar aqui escrevendo com convicção sobre marca pessoal para você, estou embasada em minha própria experiência, complementada por extensivos estudos. Estes incluem cursos de que participei, obras que li, palestras às quais assisti, entre outros recursos valiosos que enriqueceram meu conhecimento no assunto.

Faço questão de não ser como muita gente eloquente que tem a maior facilidade de aprender teorias e transformar em treinamentos ou conteúdos superconvincentes, sem nunca terem realizado nada disso com sucesso e verdade em suas vidas. Muitos deram certo (e continuam dando) e até enriqueceram ao ensinar às pessoas a fazer o que eles mesmos nunca fizeram. Já vi grandes treinadores de gestão e performance com dificuldades básicas na gestão de suas próprias empresas, mas que cresceram ensinando gestão sem nunca terem gerido de fato. Será que essa atitude é a correta?

Em se tratando de marca pessoal, essa consistência e coerência são muito importantes. Do contrário, estaremos sujeitos a decepcionar muita gente e, principalmente, a nós mesmos. Olhe ao redor. Perceba como há imensos castelos de areia desmoronando por aí. Muita gente que se vendia como algo que simplesmente não eram e nunca foram! Isso tudo é muito triste!

Portanto, se você realmente quer construir uma marca pessoal forte e de credibilidade, você precisa, antes de mais nada, forjar a sua autoridade. Não se esqueça de que essas qualidades vêm sempre acima da visibilidade!

E esse processo de construção pode ser realizado por meio de várias ações. Vamos analisar quais a seguir.

A RELAÇÃO ENTRE AUTORIDADE E NETWORKING

Um dos aspectos que considero fundamental para construiu sua autoridade e forjar sua marca pessoal é o networking. Os dois caminham lado a lado.

Importante entender que networking vai muito além das relações profissionais e comerciais. Ter uma rede de contatos é estar pronto para ajudar e ser ajudado, é ter expectativas em relação aos outros e lidar com as expectativas que eles têm em relação a nós. Não é se insinuar nem tentar obter vantagens sem nada oferecer. Nesse tipo de relacionamento, as partes devem se sentir igualmente satisfeitas. Fazer networking é acima de tudo saber trocar, conectar e compartilhar!

Profissionais com uma rede de contatos eficiente chegam mais facilmente àquelas pessoas que podem lhes emprestar credibilidade e abrir portas. Afinal, é sempre bom quando alguém valida as referências sobre você!

Acredite: as conexões, os relacionamentos que temos e o networking podem nos ajudar a trilhar caminhos que muitas vezes nem sequer imaginamos! Vou compartilhar dois exemplos pessoais com você.

Sabe como foi minha primeira experiência como palestrante? Tudo começou com um amigo querido, Caê Nobrega, um palestrante e treinador experiente. Um dia, ele me disse: "Re, você tem tantas histórias para contar, já pensou em palestrar?". Até então, a ideia nunca tinha passado pela minha cabeça, e se não fosse por uma "cilada" que ele preparou, talvez eu nunca tivesse entrado neste universo!

A "armadilha" foi bem elaborada: após recusar delicadamente inúmeros convites para palestrar em um evento que Caê organizava periodicamente, ele me ligou um dia e disse: "Abre o seu Facebook". Lembre-se, isso foi há algum tempo, quando o Facebook ainda era muito popular. Para minha surpresa, ao acessar, vi uma postagem anunciando o próximo evento dele, e a palestrante confirmada, com foto e tudo, era eu, Renata Spallicci!

Caê, conhecendo-me como ninguém e sabendo que eu nunca aceitaria o convite por livre e espontânea vontade, recorreu a essa estratégia para me tirar da zona de conforto. Ele ainda apelou para um valor que é muito importante para mim: o compromisso com as pessoas. Lembro-me de ele dizendo: "Você já está confirmada. Se não for, vai ficar chato, e temos muitas conexões em comum".

Sem alternativas, aceitei o desafio, apesar de estar morrendo de medo. Naquela época, eu mal sabia que minhas experiências, especialmente as pessoais, que se tornaram o tema da minha palestra "Do Sonho à Realização" – e mais tarde meu primeiro livro –, poderiam realmente ajudar as pessoas.

O resultado foi que me preparei intensamente e, apesar do receio inicial, amei poder contribuir com o público. Desde então, nunca mais parei de palestrar! Inclusive, nesse evento de propriedade dele, eu palestrei várias vezes e posso dizer que foi minha grande escola como palestrante. Gratidão, Caê!

Quanto ao outro exemplo, aconteceu durante a preparação para o meu segundo livro, que foi um verdadeiro desafio, marcado por aquela conhecida crise do segundo livro. Enquanto o primeiro é escrito com uma certa leveza, sem grandes expectativas, o segundo carrega o peso de superar o primeiro. Durante esse processo, submeti alguns projetos para a Rosely Boschini, CEO da Editora Gente, e nenhum deles havia feito brilhar os olhos da editora e os meus!

Lembro que a Rosely me dizia: "Renata, você é muito maior do que esses projetos que está me apresentando. Este é seu segundo livro, e ele precisa mostrar o tamanho da profissional que você é, e os resultados que você já alcançou".

Mas eu estava completamente travada, sem saber como prosseguir! Foi então que um amigo, Thiago Freitas, me enviou uma mensagem que mudaria tudo: "Rê, faz um favor? Hoje, antes de dormir, escreve um passo a passo de tudo que seu pai e você fizeram na Apsen para ela ser o sucesso que ela é". A princípio, seu conselho pareceu um tanto inusitado, mas decidi aceitar a sugestão e segui sua instrução.

Aquela mesma madrugada foi produtiva e inspiradora, resultando no projeto para o meu segundo livro. Quando o apresentei à Rosely, ela aprovou imediatamente, o que foi uma grande conquista considerando o quão exigente ela é!

Assim surgiu *Sucesso é o resultado de times apaixonados,*[26] meu segundo livro e meu primeiro best-seller. Gratidão eterna, Thiago Freitas!

Percebe como relacionamentos geram oportunidades que proporcionam autoridade? Ou você duvida que a chancela de palestrante e escritora confere grande credibilidade?

MAS COMO CONSTRUIR UMA REDE DE CONTATOS?

Se está decidido a levar a sério a construção de sua marca pessoal, você precisa de networking, e o primeiro passo para fomentar isso é fazendo um inventário de seus contatos, de modo a estabelecer prioridades que levem a um aumento da rede de relacionamentos. E, é claro, estar atento às oportunidades que lhe permitam entrar em contato com uma gama maior de pessoas para aumentar a sua rede.

Há quem pense que, para ser um bom *networker*, é necessário ser uma pessoa expansiva e sociável, mas isso não é verdade. Conheço pessoas tímidas que têm grandes redes de contato, baseadas na sua autenticidade e credibilidade. Então, não há motivo para ter medo ou muito menos desculpa para não construir seu networking. Todos somos capazes de fazê-lo.

Ter uma rede de relacionamento é algo sério e deve ser tratado como um projeto. Por isso, fazer um planejamento de sua rede é fundamental. E, aqui, aproveito para alertar: ter uma rede de relacionamentos somente para se beneficiar sem oferecer nada em troca o tornará malvisto entre todos! Sabe aquela pessoa que só procura os outros quando precisa de algo e, quando alguém lhe pede ajuda, nunca tem tempo ou disposição? Pois é, não seja ela!

Dar antes de receber e priorizar ajudar os outros é a melhor maneira de ter retorno quando precisar. Quem sempre está disposto a ajudar geralmente é lembrado e, não raro, recompensado. Afinal, ser uma pessoa que ajuda os outros constrói reputação e confiança. E nada melhor que essas referências para ajudá-lo a ser um elo em uma rede de relacionamentos.

---

[26] SPALLICCI, R. **Sucesso é o resultado de times apaixonados**: um método inovador para alcançar resultados extraordinários. São Paulo: Editora Gente, 2021.

Sua reputação e credibilidade são os seus bens mais valiosos, seja no plano pessoal ou profissional. Por isso, faça seu networking de forma ética e prudente.

Uma dica é criar uma lista dos desejos. Quais são as pessoas que inspiram você? Com quem você gostaria de conviver e aprender? O ambiente nos forma, então seja absolutamente intencional em buscar estar com pessoas que o inspirem!

Eu me orgulho de, ao longo de minha carreira, ter construído uma expressiva rede de relacionamento e digo, sem medo de errar, que muitas das minhas conquistas tiveram grande apoio desse networking que me ajudou a abrir portas e chegar às pessoas certas. Uma coisa que prezo demais é pela gratidão, aqueles que me ajudaram em minha jornada jamais serão esquecidos.

No entanto, mais do que ser ajudada, é quando tenho a oportunidade de colaborar com projetos alheios que me sinto realizada! Saber que eu também pude ser um elo para a realização de muitos projetos, unindo pessoas e oportunidades, é maravilhoso. E é nessa rede de relacionamentos, nessa relação ganha-ganha, que todos crescem e se desenvolvem juntos!

MOSTRE O QUE SABE! MARQUE PRESENÇA!

O networking por si só não vai ajudar você a construir a autoridade que busca; há outras ferramentas muito importantes para isso. Uma delas tem a ver com mostrar o seu conhecimento e as suas competências.

E nada melhor do que escrever sobre o que conhece para provar isso. Procure sites e blogs especializados no tema que domina, revistas, publicações e tente publicar artigos, ensaios, ideias. Não consegue que ninguém lhe abra portas? Escreva seus artigos no LinkedIn! O importante é produzir conteúdo de qualidade. Esse é um dos principais indutores para alcançar autoridade!

Novamente compartilho uma experiência minha para servir de referência. Comecei a compartilhar conteúdo no meu blog. Depois, com o crescimento dele, fui ficando mais conhecida e, então, me convidaram para ser colunista em diversas publicações, como ESPN, *Istoé*, *Money Times* etc.

Percebe que só consegui estar nessas mídias que me conferem autoridade porque lá atrás arregacei as mangas e comecei a escrever no meu blog? E veja aonde cheguei: me tornei *Top Voice* do LinkedIn, tenho três livros publicados (sendo dois best-sellers), participei do TED Speaker, faço palestras em inúmeros eventos, congressos e convenções.

Forjei minha autoridade ao mesmo tempo que meu trabalho na Apsen e os projetos bem-sucedidos que liderei reforçavam a minha credibilidade.

Comece devagar. Já vimos como esse processo é gradual e contínuo. Talvez, de início, você não tenha acesso a grandes mídias; então, tente as alternativas locais primeiro. Pense na possibilidade de contribuir em painéis de discussão e debates sobre temas relevantes para a área ou a indústria em que você opera. Isso significa que você é uma voz respeitada, que a sua opinião é importante e valorizada, e mostra que você é um especialista influente.

Não subestime o poder de ter uma personalidade relevante no seu evento. Imagine que a presença de um artista ou celebridade conhecida pode elevar significativamente a importância do seu evento. Isso altera a percepção dos convidados, que provavelmente vão compartilhar nas redes sociais que estiveram num evento importante e com a presença de figuras notáveis.

De qualquer maneira, o crescimento e o sucesso desse tipo de estratégia, através das mídias sociais, podem ser determinados por outros fatores: a contratação de influenciadores, com incentivo financeiro nas estratégias de marketing (posts e campanhas patrocinadas), ou ainda, acreditar no modo orgânico de compartilhamento (o que é melhor ainda!), como exemplificamos há pouco. Uma ação positiva tende a gerar outra, criando um efeito exponencial.

Por exemplo, aparecer na capa de uma revista ainda é significativo, mesmo com a popularidade em baixa das revistas impressas hoje em dia. Estar em uma capa coloca você em um patamar diferenciado. Importante ressaltar que não é apenas sobre as pessoas comprarem e lerem a revista, mas a sua presença ali já é suficiente para gerar conversas e manter você na memória do público. Além disso, se a capa for compartilhada nos canais digitais da revista e em seus próprios canais, sua imagem alcançará até aqueles que não compram ou assinam a revista.

Outra forma orgânica de aumentar seu alcance é através de artigos em plataformas digitais. Como citei anteriormente, sou colunista *Top Voice* no

LinkedIn. Mesmo que não leiam as minhas colunas, os assinantes dessa rede podem saber que estou lá falando de determinado assunto. E não só: se eu publico a minha coluna em minhas redes sociais e as pessoas compartilham o que eu escrevo, elas criam conversas sobre aquele assunto que "eu estou levantando" naquele meio, e assim a minha coluna, mesmo que não seja lida por alguns, é compartilhada por outros e vista por muitos.

No Brasil, até o WhatsApp transformou-se em uma rede social, algo que não ocorre em muitos outros países. Utilizamos essa plataforma para campanhas, envio de links e sugestões de conteúdo variado, desde filmes até músicas e cursos. A viralidade e a eficácia do WhatsApp são imensas!

Observando outras redes, o TikTok começou focado em dança, mas hoje abriga uma variedade de conteúdos relevantes e bacanas. Na minha empresa, as pessoas usam muito o TikTok e conversamos bastante sobre o que se vê nele para entendermos tendências. É preciso estar antenado às novidades!

Bem, acho que já deu para perceber como a presença é algo necessário. No entanto, é preciso estar nos lugares certos. É assim que você demonstra que está sempre à frente em matéria de conhecimento e que o deseja compartilhar com o seu público.

Duas últimas dicas rápidas: não subestime o poder dos depoimentos. Engaje sua audiência estimulando interações nos seus posts, fazendo perguntas e solicitando opiniões. Esse tipo de engajamento pode gerar feedbacks positivos, agradecimentos e elogios, que são extremamente valiosos. Além disso, dê a devida atenção às certificações e premiações. Elas não apenas reforçam sua excelência e reconhecimento na área mas também fornecem histórias inspiradoras sobre seus esforços para alcançá-las. Histórias assim são cruciais na construção de uma marca pessoal forte. Lute por essas conquistas e use-as para enriquecer sua narrativa pessoal.

Enfim, todas essas estratégias ajudam você a construir e solidificar uma imagem segura de sua autoridade em qualquer campo. Entenda: autoridade para uma marca pessoal vai muito além do número de seguidores! É muito mais sobre credibilidade do que sobre visibilidade.

Isso não significa, porém, que ser notado não seja importante. Muito pelo contrário. E é sobre isso que vamos conversar no próximo capítulo.

AUTORIDADE PARA UMA MARCA PESSOAL VAI MUITO ALÉM DO NÚMERO DE SEGUIDORES! É MUITO MAIS SOBRE CREDIBILIDADE DO QUE SOBRE VISIBILIDADE.

BRANDFORMANCE
@RESPALLICCI

CAPÍTULO 8

A ARTE DE SER NOTADO

Ser notado não é apenas sobre aparecer, mas sobre deixar uma marca significativa na mente e no coração das pessoas que você toca.

Trabalhar a sua autoridade, como vimos no capítulo anterior, é fundamental para o desenvolvimento da sua marca pessoal e para que você possa ter mais visão do que simplesmente visibilidade! Isso, porém, não quer dizer que não buscamos ser vistos! Afinal, de que adianta construir um perfil poderoso se você não souber como mostrá-lo?

E, para assegurar visibilidade, você precisa ter performance! Essa é uma questão importantíssima para a sustentação e relevância da sua marca pessoal. E, quando se trata de performance, pensamos logo nas redes sociais, pois é lá que a nossa marca pessoal cresce e acontece (ou desaparece)!

Por enquanto, vamos ficar no "crescer", que é o que nos interessa. E, para fazer crescer a sua marca pessoal no digital, é necessário cuidar do que você fala e de como você se mostra, além de assegurar que você está sabendo transmitir sua mensagem de forma adequada para cada uma das plataformas.

Precisamos entender que hoje as redes sociais são um espaço multiplataforma e estão cada vez mais interligadas. Também é preciso ter em mente que, uma vez nas redes sociais, sabendo ou não as utilizar, você está criando vínculos, fazendo conexões e se comprometendo com as relações que estabelece. E, uma vez que o seu conteúdo é publicado, você está espalhando para o universo algo que pode alcançar 100 ou 100 mil pessoas – nesse caso, fica difícil saber se elas pensam como você ou não!

Assim, todo cuidado é pouco nesses espaços. Por mais que você tenha opção de apagar o que postou, o "print" é eterno. É preciso responsabilidade. E, portanto, você deve se preparar para usufruir dos benefícios que as redes sociais oferecem.

FAMOSO OU INFLUENCIADOR?

Antes de nos aprofundarmos nas redes sociais, é importante voltar um pouquinho na história. Há pouco tempo, as mídias eram apenas as impressas, o rádio e a TV. Era por aí que os políticos, executivos de várias áreas, artistas e personalidades transitavam e se tornavam conhecidos.

Com a democratização do acesso à internet, as facilidades da comunicação fizeram nascer rapidamente um novo modelo de celebridades que não precisa necessariamente acessar as velhas mídias para se tornarem conhecidas! Gente que se posiciona, se mostra, se expõe, cria fatos, coleciona fãs, mesmo sem ter recurso algum... quando, há bem pouco tempo, isso era prerrogativa somente de artistas, certo?

Particularmente, gosto de fazer uma diferenciação entre pessoa famosa e o que conhecemos hoje como influenciadores. Famosos são aquelas pessoas conhecidas pelo grande público, seja por seu trabalho, aparições no cinema, TV... Esse título independe da presença dela em canais como redes sociais (embora essa pessoa também possa ter uma grande audiência on-line). Um exemplo de famoso é o ator Leonardo DiCaprio, conhecido pelos seus filmes, mas que possui mais de 61 milhões de seguidores no Instagram, usando as redes apenas para divulgar questões ligadas à causa ambiental, uma bandeira que ele abraça.

Já os influenciadores são indivíduos que possuem a capacidade de impactar as decisões de compra e o comportamento de outras pessoas por meio de sua autoridade, seu conhecimento, sua posição ou seu relacionamento com o público. Eles utilizam plataformas como Instagram, YouTube, TikTok, blogs e outras redes sociais para compartilhar conteúdo que engaja e motiva seus seguidores. Hoje é muito comum que um influenciador tenha milhões de seguidores, mas seu conteúdo é tão nichado que ele não é conhecido fora da "bolha digital" da qual faz parte. Um exemplo disso é a influenciadora Vanessa Lopes, que ficou conhecida no TikTok, especialmente com a geração Z, e possuía mais de 15 milhões de seguidores, porém, ao ser convidada para participar do BBB em 2024, surgiu como uma desconhecida do grande público, a despeito do número de seguidores que ela possuía.

Todo esse cenário e potencial dentro do universo das redes sociais criou o que chamamos de economia da influência, um mercado emergente e em crescimento que envolve influenciadores digitais e suas audiências. Esse mercado é impulsionado pela capacidade dessas pessoas de impactar em tempo real seus seguidores, influenciando o comportamento, as decisões consumo e as percepções delas de marca.

Há inúmeros exemplos de influenciadores digitais conhecidos, mas gostaria de destacar a Virgínia Fonseca, devido à sua autenticidade, carisma e habilidade de se conectar profundamente com seu público. Ela não apenas é uma das maiores influenciadoras do Brasil, mas também uma empresária de sucesso, provando que a construção de uma marca pessoal sólida pode levar a conquistas extraordinárias tanto nas redes sociais quanto no mundo dos negócios.

Virgínia conquista seus seguidores compartilhando aspectos de sua vida pessoal e profissional. Ela é aberta sobre sua rotina diária, suas experiências como mãe e esposa do cantor Zé Felipe, e suas atividades empresariais. Essa transparência rende a Virgínia uma base de fãs leal e ativamente engajada. Seu conteúdo diversificado, abrangendo desde dicas de beleza e moda até vlogs do dia a dia, fortalece sua imagem de uma personalidade acessível e influente.

Ela não se limita apenas à criação de conteúdo; Virgínia lançou sua própria linha de cosméticos e produtos de beleza, que se tornou um fenômeno de vendas. Seu sucesso comercial é amplificado por sua forte presença digital, que influencia diretamente o comportamento de compra de seus seguidores. Cada uma de suas publicações gera milhares de curtidas, comentários e compartilhamentos, atraindo colaborações com grandes marcas do mercado.

Os números de Virgínia são impressionantes. Segundo uma pesquisa recente da Zeeng com dados do primeiro semestre de 2024, ela é a terceira maior influenciadora em engajamento no Brasil, perdendo apenas para Neymar e Vini Jr., dois dos maiores atletas brasileiros. No Instagram, ela conta com mais de 47 milhões de seguidores, no TikTok mais de 37 milhões e no seu canal no YouTube acumula mais de 1,5 bilhão de visualizações. Admirável, não?

É claro que Virgínia Fonseca não chegou nesses números sem esforço, pois nenhuma marca se faz sem muito trabalho! É preciso cuidar de cada detalhe de como você vai se comunicar nas redes sociais. E vamos falar sobre isso a seguir.

IMPRESCINDÍVEL: CUIDAR DA SUA IMAGEM

Precisamos atentar ao uso de elementos importantes que compõem a nossa marca pessoal, o estilo de fotos, as roupas usadas e outros aspectos visuais que desempenham um papel crucial.

O estilo de fotos que você escolhe para representar sua marca é uma extensão da sua identidade visual. Fotos bem tiradas, com boa iluminação e composição, transmitem profissionalismo e credibilidade. O estilo pode variar de acordo com a mensagem que você deseja passar. Fotos mais casuais e espontâneas podem indicar acessibilidade e autenticidade, enquanto fotos mais formais e produzidas podem transmitir seriedade e competência. Consistência no estilo das fotos ajuda a criar uma imagem coesa e facilmente reconhecível, aumentando a familiaridade e a confiança do público.

A escolha das roupas é outro elemento fundamental na construção da sua marca. A forma como você se veste comunica não apenas seu estilo pessoal, mas também os valores e a imagem que você deseja projetar. Por exemplo, um estilo mais formal pode transmitir profissionalismo e seriedade, enquanto um estilo mais descontraído pode indicar criatividade e acessibilidade. Além disso, optar por cores e estilos que estejam alinhados com a identidade visual da sua marca tendem a reforçar ainda mais a coesão e o reconhecimento.

Outros elementos visuais, como a escolha de acessórios, a ambientação das fotos e até mesmo a paleta de cores utilizada em todas as suas comunicações visuais, desempenham um papel significativo na construção da sua marca pessoal. Acessórios podem adicionar um toque de personalidade e distinção, enquanto a ambientação pode contar uma história e contextualizar sua imagem de forma mais rica. A coerência na paleta de cores utilizada auxilia na criação de uma identidade visual facilmente reconhecida, facilitando a memorização e o reconhecimento por parte do público.

Quando as pessoas conseguem identificar e se conectar com sua marca pessoal de maneira visual, elas tendem a se sentir mais próximas e confiantes.

Por isso, sugiro experimentar montar um *moodboard* que traduza, por meio de elementos visuais – imagens, vídeos, ilustrações e recursos similares –, a essência de sua marca. Você deve levar em consideração todos os elementos citados nos parágrafos anteriores. Tais aspectos devem estar conectados a uma estratégia que contenha as suas necessidades (o que você está buscando?) e os objetivos da sua marca pessoal.

Eu, por exemplo, fiz da cor azul um recurso importante que favorece a minha imagem. E trago essa cor para além das minhas fotos. Ela está presente em todos os meus canais: no meu site, no meu blog, nos meus produtos, nas minhas roupas... O azul é mais do que uma cor para mim, é um ícone, um suporte para as mensagens que quero passar. E isso reforça a cor da Apsen também, o meu mundo corporativo, o ambiente de negócios no qual estou inserida. A cor azul é tão fortemente associada à minha marca pessoal que, quando as pessoas vão me conhecer, elas vestem azul como uma forma de reciprocidade. E até os presentes que ganho, em geral, são na cor azul. Acho isso fantástico!

CONSTRUINDO SUA BRAND PERSONA

Há muitas estratégias para trabalhar a sua marca pessoal nas redes sociais. E a minha proposta aqui é fornecer a base para que você possa avaliar o que é possível de acordo com os seus recursos e como seguir o seu próprio caminho. Antes, porém, precisamos entender alguns conceitos.

Há um termo muito utilizado quando estamos fazendo um planejamento de comunicação e marketing: a persona. Aqui, vamos focar no que é conhecido como brand persona, que é a personificação da marca, um conjunto de características humanas atribuídas a uma marca para torná-la mais acessível e relacionável ao seu público-alvo. No caso de uma marca pessoal, é tudo mais simples, afinal, sua marca é uma pessoa com uma personalidade, voz, valores, e modos de agir e pensar específicos; ela é você!

Quando você se dá conta disso, a conexão emocional com o seu público-alvo fica muito mais fluida e resistente, já que eles passam a enxergar a marca não apenas como um fornecedor de produtos ou serviços, mas como um "amigo" confiável e consistente.

Uma brand persona bem definida abrange diversos aspectos, incluindo:

• **Personalidade**: as qualidades humanas que a marca representa, como humor, seriedade, gentileza ou ousadia.

- **Tom de voz**: a maneira como a marca "fala" com seu público, seja por meio de marketing, atendimento ao cliente ou redes sociais. Pode ser formal, informal, amigável ou autoritário.
- **Valores**: princípios e crenças fundamentais que orientam a marca e suas ações. Isso pode incluir ética, sustentabilidade, inovação etc.
- **Comportamento**: ações e reações da marca diante de diferentes situações e interações com o público.
- **Estilo visual**: a aparência da marca, incluindo logotipo, cores, tipografia e design geral que expressam sua personalidade.

Desenvolver uma brand persona eficaz ajuda a manter a consistência em todas as comunicações e interações da marca pessoal, criando uma experiência coesa e confiável para os seus seguidores.

Outro conceito importante de ser explorado é o dos doze arquétipos originados das teorias de Carl Jung. Eles são modelos universais de personalidades que residem no nosso inconsciente coletivo. E, na construção de uma brand persona, os arquétipos vão um desempenhar papel crucial, pois vão fornecer uma base sólida e familiar para a personalidade da sua marca pessoal.

Quando você define qual(is) será(ão) a(s) personalidade(s) dominante(s) utilizando a teoria dos arquétipos, você permite que a marca se conecte mais profundamente com quem acompanha você, uma vez que essas figuras arquetípicas ressoam com as emoções e experiências humanas.

A seguir, vamos conhecer os doze arquétipos de Jung:

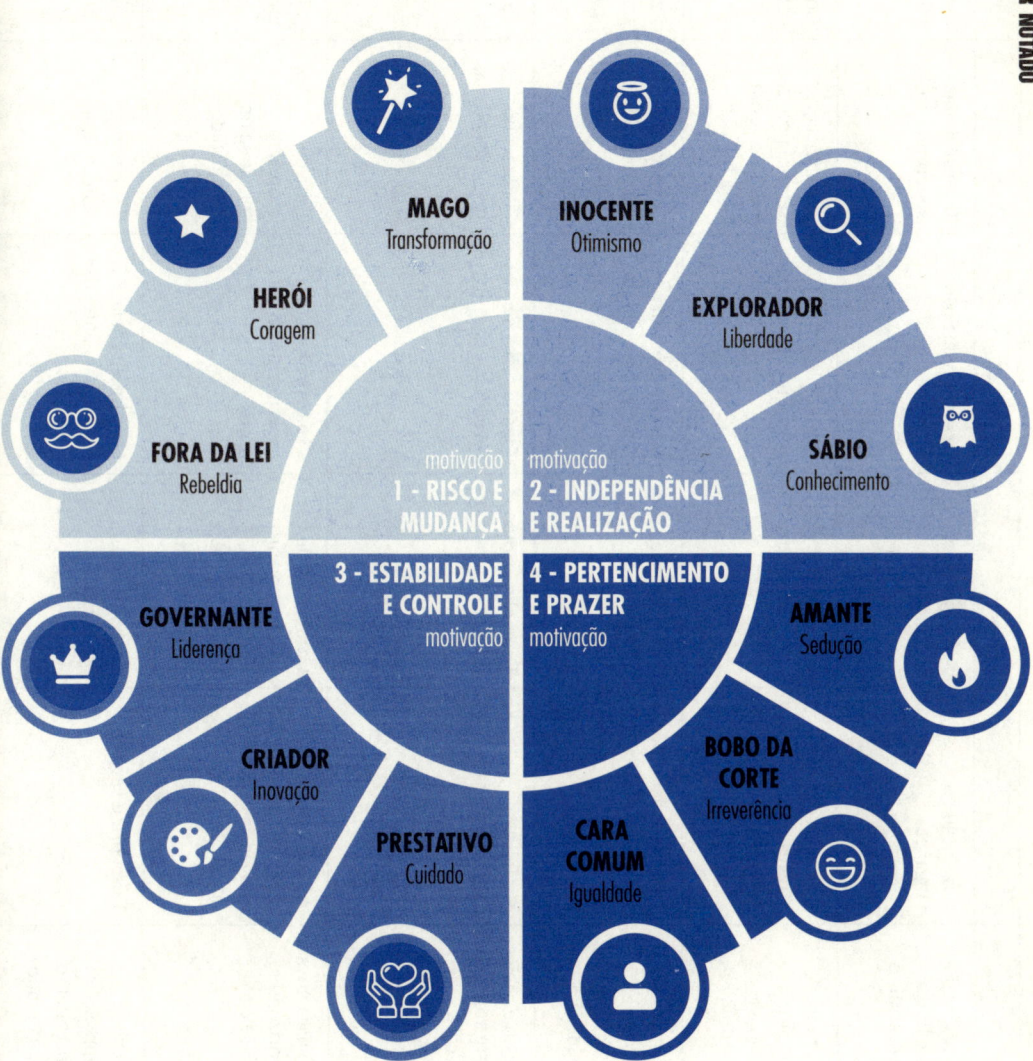

Arquétipos	Descrição	Desejo	Medo	Estratégia	Fraqueza	Talento
Fora da lei	É ousado e provocador. Ele desafia as regras e busca revolucionar ou destruir o que é injusto.	Revolução ou vingança.	Ser impotente, ineficaz.	Destruir o que não funciona.	Ir longe demais, ser criminoso.	Ousadia, liberdade radical.
Herói	É corajoso e determinado. Quer provar seu valor através de atos corajosos e busca melhorar o mundo.	Provar o seu valor através de atos corajosos.	Fraqueza, ser visto como covarde.	Ser o mais forte, competente, corajoso.	Arrogância, sempre precisar de outra batalha para lutar.	Competência e coragem.
Mago	É visionário e transforma sonhos em realidade. Ele acredita na transformação e na realização de ideias.	Compreender as leis fundamentais do universo.	Consequências não intencionais.	Desenvolver uma visão e viver por ela.	Tornar-se manipulador.	Encontrar soluções ganha-ganha, carisma.
Inocente	É otimista, honesto e cheio de esperança. Este arquétipo busca a felicidade e a simplicidade, e vê o mundo como um lugar cheio de possibilidades.	Ser feliz, experimentar o paraíso.	Fazer algo errado que leva à punição.	Fazer o certo, ser verdadeiro.	Ser ingênuo, negar problemas.	Fé e otimismo.
Explorador	É aventureiro e busca novas experiências e horizontes. Valoriza a liberdade e a descoberta.	A liberdade de descobrir quem é através da exploração do mundo.	Conformidade, aprisionamento, interior vazio.	Viajar, procurar e experimentar coisas novas.	Falta de propósito, tornar-se um desajustado.	Autonomia, ambição.
Sábio	Valoriza a sabedoria, a verdade e a compreensão. Ele busca o conhecimento e a compreensão do mundo.	Descobrir a verdade.	Ser enganado, ignorância.	Usar inteligência e análise para entender o mundo.	Ser pomposo, sem coração.	Sabedoria, inteligência.

Arquétipos	Descrição	Desejo	Medo	Estratégia	Fraqueza	Talento
Governante	É responsável e organizado. Busca ordem e controle e deseja criar um ambiente próspero e seguro.	Controle, criar uma família ou comunidade próspera e bem-sucedida.	Caos, ser derrubado.	Exercer poder.	Ser autoritário, incapaz de delegar.	Responsabilidade, liderança.
Criador	O criador é inovador e artístico. Ele valoriza a originalidade e busca criar algo de valor duradouro.	Criar coisas de valor duradouro.	Produzir algo medíocre.	Desenvolver controle artístico e habilidades.	Perfeccionismo, soluções ruins.	Criatividade e imaginação.
Prestativo	É altruísta e empático. Ele deseja proteger e cuidar dos outros.	Proteger e cuidar dos outros.	Egoísmo e ingratidão.	Fazer coisas para os outros.	Ser explorado, martírio.	Compaixão, generosidade.
Cara comum	É realista e pé no chão. Busca pertencimento e deseja ser aceito pelos outros.	Pertencer, se encaixar.	Ser deixado de fora ou se destacar da multidão.	Desenvolver virtudes comuns, ser comum.	Perder a si próprio na tentativa de se misturar.	Realismo, empatia, falta de pretensão.
Bobo da corte	É divertido e alegre. Ele busca viver o momento e espalhar alegria e risadas.	Viver a vida ao máximo, aproveitar o momento.	Ser entediante ou entediado.	Brincar, fazer piadas, ser engraçado.	Frivolidade, perda de tempo.	Alegria, viver no presente.
Amante	É apaixonado e busca intimidade e união. Ele valoriza a beleza, o amor e os relacionamentos.	Atingir a intimidade e a experiência de amor.	Estar só, ser indesejado.	Tornar-se mais atraente em todas as formas.	Dar de si próprio de forma excessiva.	Paixão, gratidão, apreciação.

Uma vez entendidos os doze arquétipos, faça uma análise profunda da sua marca (use novamente o exercício do capítulo 6) e relembre sua missão e seus valores, sua visão de longo prazo, as características do seu público-alvo. Alinhe tudo isso com os personagens. Pergunte-se: quais arquétipos refletem melhor a personalidade da minha marca? Quais arquétipos ressoam mais com meu público-alvo?

Feito isso, escolha um arquétipo principal, que melhor represente a essência da sua marca pessoal, e um secundário, que complemente o principal. A partir de então, como parte de sua estratégia, você deve sempre usar o arquétipo identificado para guiar a comunicação e as ações da sua marca, adaptando tom de voz (ex.: o inocente pode usar um tom otimista e amigável, enquanto o rebelde pode ser mais ousado e provocativo); o visual da marca (a questão de design, cores e estilo visual); e, principalmente, o conteúdo (criando histórias e mensagens que tenham a ver com a personalidade do arquétipo).

Vamos pegar a Gisele Bündchen, uma das supermodelos mais famosas e influentes do mundo. Ela é um exemplo perfeito do arquétipo do sábio. Sua brand persona é marcada por elegância, autenticidade e uma profunda consciência ambiental. Com uma personalidade inspiradora e um tom de voz sério e informativo, Gisele promove valores como sustentabilidade, bem-estar e naturalidade. Ela se comporta de maneira ponderada, compartilhando seu vasto conhecimento sobre saúde e meio ambiente. O arquétipo do sábio, caracterizado por sabedoria e um desejo de ensinar, é evidente em suas ações e comunicações. Ao incorporar esse arquétipo, Gisele fortalece sua conexão com o público, que busca inspiração e conhecimento, solidificando sua presença influente e admirada no cenário global.

Percebe que, ao definir sua brand persona com base em arquétipos, você cria uma identidade mais profunda e significativa, facilitando a conexão emocional com seu público? Não deixe de fazer isso! Você não vai se arrepender!

É essencial aqui também abordarmos uma técnica de produção de conteúdo que influencia diretamente o comportamento e, consequentemente, o engajamento: os gatilhos mentais. Esses são amplamente utilizados no marketing digital, tanto para a criação de conteúdo quanto para conversão. Aqui, porém, proponho uma reflexão mais profunda sobre o uso dos gatilhos mentais, não apenas em conteúdos, mas também na modelagem do comportamento e na construção da notoriedade de sua brand persona.

Quando se trata da arte de ser notado, é crucial pensar em como empregar gatilhos mentais com maestria. Antes de começar a usar esses gatilhos indiscriminadamente, é fundamental entender alguns dos mais eficazes e reconhecidos. Esses gatilhos emocionais são ferramentas poderosas em estratégias de marketing, capazes de atrair e engajar consumidores de maneira significativa. Vale a pena explorar esses mecanismos e verificar se você identifica a presença deles em suas reações a certos conteúdos.

A **nostalgia,** por exemplo, é um recurso usado por muita gente que precisa evocar lembranças positivas do passado (algo histórico do seu mundo corporativo ou pessoal) para poder criar uma conexão emocional, levando as pessoas a se sentirem saudosas de um tempo que também pode ser significativo para elas. Já a **escassez ou exclusividade** instigam um senso de urgência nos seus seguidores, levando-os a agir rapidamente ao seu comando, para não perder aquela oportunidade única. A **urgência** é bem parecida com esses dois gatilhos anteriores. Quando a gente cria um senso de urgência, emite um alerta para estimular a ação imediata sobre determinado tópico. Esse gatilho se baseia na psicologia do medo de perdermos algo importante, conhecido como FOMO (*fear of missing out*).

Outro gatilho é a **familiaridade**. Se você faz o seu público se sentir pertencendo ao seu mundo, ao seu ambiente de interesses, isso pode gerar confiança e atrair lealdade. Do mesmo modo, o **status** pode ser bem atrativo também. Nesse caso, o que prevalece pode ser desejarem o seu estilo de vida, se sentirem motivados a querer adquirir o mesmo conhecimento, os mesmos produtos (se você os evidenciar de algum modo), ou até os seus hábitos.

Se você, através do seu modo de vida ou por meio da forma como encara os seus desafios, transmitir **confiança** conferirá mais segurança e credibilidade aos seus seguidores, estabelecendo uma relação mais sólida e de longo prazo com eles. Aliás, se optar por enfatizar esse gatilho, não se esqueça de outro que pode se complementar a ele e que eu uso muito: **gratidão.** Seja grato as pessoas que apoiaram você e agradeça sempre que puder os seus seguidores pelo apoio deles a você nas redes; essa atitude gera um sentimento positivo em relação à sua marca pessoal.

E, finalmente, a **identificação:** crie "campanhas" (vários posts sequenciais, dentro de um mesmo objetivo e com os mesmos recursos gráficos) enfatizando seus valores, propósitos, de modo a estabelecer uma conexão emocional profunda com o seu público.

Lembre-se: qualquer um desses exemplos de gatilhos emocionais deve ser adaptado às características da sua marca pessoal e ir ao encontro do perfil do seu público-alvo também.

A CAIXA FALANTE

Mais uma vez, vou trazer um exemplo pessoal para que você veja na prática os benefícios de se usar uma estratégia alinhada à sua brand persona.

Quando decidi escrever meu segundo livro, eu estava em um momento de virada muito significativo, fortalecendo o meu posicionamento como uma liderança feminina no mundo dos negócios. E uma das ferramentas que usei para trazer valor percebido para minha marca pessoal foi sair de uma editora independente para entrar no hall dos grandes escritores da Editora Gente. Eu tinha clareza de que era àqueles autores que eu queria ser associada.

Para lançar o livro, tudo foi muito bem pensado e preparado. Coloquei em prática uma estratégia que sintetizava muitas das dicas que já trouxe até aqui: alinhei o tom de voz do livro com minhas redes sociais, adotei o azul como símbolo da minha marca pessoal (literalmente me pintando de azul para a campanha), passei a frequentar mais eventos ligados ao mundo dos negócios e desenvolvi outros conteúdos e produtos dentro da temática de gestão, liderança e cultura corporativa, fortalecendo meu ecossistema.

Mas aqui quero fazer um recorte específico sobre o *press kit* do livro, que fez um sucesso enorme por ter sido bastante criativo e inusitado. No mercado editorial, em geral, formadores de opinião ou pessoas da imprensa recebem uma versão premium da obra, que pode vir em uma encadernação diferenciada, ser embalada de uma forma mais cuidadosa, ou qualquer tática para se diferenciar e causar uma boa impressão.

E o meu *press kit* cumpriu e muito bem essa missão. Primeiro, o livro vinha em uma caixa impressa com a mesma identidade da capa da obra e da campanha de lançamento. Mas era ao abrir esta caixa, que a magia acontecia. Um coração de led azul se acendia e uma gravação de minha voz era acionada. No áudio, eu falava um pouco sobre o que o leitor encontraria nas páginas daquele livro e, para dar ainda mais impacto àquele momento, ao fundo do áudio havia um pulsar de coração.

Muitas pessoas me relataram que a chegada da caixa na casa dos leitores virou um acontecimento! Importante lembrar que o livro foi lançado em meio à pandemia, e as noites de autógrafo, quando temos a oportunidade de nos aproximar mais do nosso público, estavam proibidas ou muito limitadas. O *press kit* teve, então, o objetivo de chamar a atenção de uma lista de pessoas seleta com quem eu pretendia me conectar e que eu queria que se interessassem pelo meu livro.

Mas a caixa não foi a única ação. Para o público em geral, a campanha usou a mesma identidade azul em peças que foram expostas no metrô de São Paulo, em relógios na Avenida Paulista (uma das principais avenidas da cidade de São Paulo) e nos aeroportos. Isso gerou um *buzz* tremendo. Ou seja, chegou à boca das pessoas, e elas comentaram e multiplicaram todo o esforço feito. O investimento, certamente, valeu a pena.

Um dos feedbacks especiais que recebi sobre a campanha do livro e especialmente sobre o *press kit* foi do master coach e autor best-seller Paulo Viera, criador dado método CIS e autor de O *poder da ação*.

Nós já nos conhecíamos de eventos e pelas redes sociais, mas não éramos próximos. Logo após ele ter recebido a caixa, nos encontramos em um evento, ele chamou sua esposa, Camila, e disse: "Camila, ela é a Renata, a autora do livro que recebemos na caixa que falava!". E me contou entusiasmado que seus filhos amaram a caixa e ficavam abrindo o tempo todo para escutá-la. Acreditem, dali nasceu nossa aproximação.

O Paulo era uma pessoa que eu admirava muito e de quem eu queria ser mais próxima. Enviar a caixa para ele tinha exatamente esse objetivo de aproximação, e o resultado foi atingido. Uma linda conexão nasceu daí. Aliás, conexão com propósito é o tema do próximo capítulo. Vamos lá?

CAPÍTULO 9

CONEXÕES COM PROPÓSITO

Construir uma rede de contatos sólida é como plantar uma árvore: requer tempo, cuidado e intenção.

Acredito que a frase que abre o capítulo resuma a essência do networking, que, como já vimos, é sobre ser intencional, doar, ser útil, servir, colaborar, contribuir e ir, assim, estabelecendo relações. Ou melhor, conexões profundas, com propósito. Por isso, neste capítulo, vamos esmiuçar um pouco mais sobre como fazer um networking estratégico.

Confesso que, há alguns anos, antes de estar onde estou hoje, eu achava que o aprendizado e o saber eram o que tinham mais valor, e que a boa formação por si só seria o bastante para me levar a crescer profissional e pessoalmente. Mas, ao longo da minha trajetória, percebi que eu estava enganada. Hoje sei que construir networking deve caminhar lado a lado com as formações acadêmicas e vivências profissionais.

Esse tipo de relacionamento nos torna mais criativos, ao nos colocar em contato com as mais diversas pessoas com as quais podemos aprender e crescer muito – além de pegar alguns atalhos.

Querem um exemplo? Quando me tornei atleta de fisiculturismo, eu já era praticante do esporte e achava que, ao decidir competir, só precisaria aumentar ainda mais meu foco nos treinos e na dieta.

Porém, quando comecei a fazer o tal networking estratégico e criar uma rede de relacionamentos e convivência com atletas profissionais que já haviam chegado aonde eu almejara chegar, descobri que há muito a se fazer para além da dieta e dos treinos, e que tais ações têm total relação com os resultados. Cuidar da hidratação, do sono, do estresse, da recuperação muscular e da prevenção de lesões era tão importante quanto cuidar do treino e da dieta.

E tudo isso eu só descobri ao conviver com esses atletas. Eles me ajudaram a moldar meus comportamentos em relação ao esporte e os meus objetivos, facilitando, assim, a minha adaptação a um mundo totalmente novo para mim.

Foi maravilhoso participar de um universo tão diferente do meu, ir a feiras e eventos do setor. Nesse ambiente, conheci pessoas que me convidaram para estar em outros fóruns e passei a me embrenhar cada vez mais no esporte. Se não fosse por aceitar essas agendas fora do meu mundo habitual, eu não teria tido acesso a tantas pessoas que me ajudaram a encurtar muito a minha jornada como atleta.

Fazer esse networking estratégico também me ajudou muito quando competi em determinado lugar ou país. Por meio das conexões que fiz, eu já conhecia outras pessoas daquela região, já tinha uma certa familiaridade com o que eu enfrentaria naquele lugar, o que, claro, sempre facilita a adaptação e o desempenho. A sensação de saber que eu não estava sozinha e que contava com um suporte das pessoas daquele universo me proporcionavam mais tranquilidade.

Essa interação com o mundo do fisiculturismo não apenas enriqueceu minha experiência, mas também expandiu minhas perspectivas profissionais. Por exemplo, levei as demandas desse nicho para a Apsen, resultando em um portfólio de suplementos voltados para esporte e longevidade. Percebe como é importante sair de nossa bolha e beber de outras fontes?

Como resultado dessa experiência, percebi que era a hora de me abrir mais para o mundo e comecei a participar de masterminds, frequentar mais eventos, integrar novos grupos... enfim, estar próxima de pessoas que estão buscando fazer a diferença em diversos mercados e alcançando resultados extraordinários.

E uma coisa vai puxando a outra, sabe? Ao me abrir para o mundo, o próprio networking que construí passou a me trazer mais e mais oportunidades e convites. Por exemplo, fui convidada para acompanhar meu grande ídolo e inspiração no esporte, Arnold Schwarzenegger, em uma coletiva de imprensa! Outra ocasião, quando o coach e palestrante Tony Robbins veio ao Brasil, recebi um convite superespecial para estar na primeira fila do evento. E teve ainda a vez em que tive o prazer de jantar com o Gary Vee (Vaynerchuk), especialista renomado em marketing digital.

Mas atenção! Não é porque você construiu um bom networking que pode ficar em casa apenas esperando convites! Se há algo de seu interesse acontecendo, e o convite não aparece, tome a iniciativa. Já investi em ingressos caros para estar em áreas VIP de eventos ou para entrar em círculos que ainda não frequentava. Esse tipo de investimento deve ser intencional e estratégico. É fundamental identificar as pessoas com quem você deseja se conectar e entender o motivo dessa aproximação.

Sei que muitas pessoas, e talvez você seja uma delas, têm dificuldade nesse aspecto e ficam em dúvida de como realmente estabelecer uma relação de proximidade e troca com pessoas que podem ser estratégicas para seus objetivos pessoais e profissionais. O mais importante é você não permitir que esse receio o paralise e, com isso, você acabe não investindo nessas conexões.

ANTES DO NETWORKING EXISTE O NETWORKER

Para se criar um networking eficiente é preciso ter uma rede de contatos forte e que lhe ofereça essa oportunidade. E, para isso, é importante entendermos uma hierarquia que o próprio LinkedIn nos ensina, mostrando que há três níveis de prioridade de contato: rede primária, secundária e de referência. É importante apresentar esses conceitos, pois é algo que ajudará você na elaboração do seu CRM, já levando em conta uma priorização de contatos.

• **Rede primária:** são as pessoas próximas, que você tem contato direto e algum tipo de envolvimento emocional. São os seus amigos e parentes. Com eles você conversa sobre tudo, consegue informações sem discrição e pede até favores.

• **Rede secundária:** aqui estão seus colegas de trabalho ou amigos da faculdade, do ambiente acadêmico. Um grupo diferente do que a família, por exemplo, nem por isso formal, ok? Geralmente é desse grupo que saem as indicações profissionais e muitos chegam a ficar bem próximos e migram para a rede primária. Isso é corriqueiro, amizades de trabalho viram amigos da vida toda, tornam-se padrinhos e muitos, por tanta afinidade, também viram parentes.

- **Rede de referência:** são os seus gestores, os seus mestres, professores e inspirações. Aqui você não tem tanta intimidade. Essas pessoas são modelos de carreira, exemplos de comportamento, referências a seguir. Se chegar perto deles é para buscar uma orientação e dicas que validem o seu propósito, os objetivos da sua marca pessoal. Seus clientes não estão aqui, ok? Para clientes você vende, tem uma relação profissional. Aqui estamos falando de gente que você deve conhecer para se relacionar, conversar, trocar.

Por isso, acredito que mais do que fazer contatos, estabelecer network é criar um caminho de mão dupla e que traga muito mais do que facilidades e favores, mas que una pessoas como os mesmos propósitos, como veremos a seguir.

COMO CRIAR CONEXÕES COM PROPÓSITO

A seguir, elaborei um passo a passo para que você possa ser mais assertivo e criar conexões com propósito. Confira:

DEFINA SEUS OBJETIVOS

Pesquisas mostram que profissionais com objetivos bem definidos têm maior sucesso em suas atividades de networking. Por exemplo, um estudo do LinkedIn[27] revela que 85% dos empregos são preenchidos por meio de networking, destacando a importância de ter objetivos específicos e estratégicos para maximizar os benefícios do networking.

Assim, é fundamental ter clareza dos objetivos que deseja alcançar. E defini--los de modo específico é fundamental, pois ajuda a manter o foco e a medir o progresso de maneira mais eficiente. Por isso, em vez de um objetivo vago como "quero expandir meu networking", pense em algo mais tangível como "quero conhecer cinco novos profissionais da minha área nos próximos três meses". Perceba, definir objetivos não é apenas uma questão de saber aonde quer chegar, mas também de entender os passos necessários para essa jornada.

---

[27] CHAPTER 4: Artificial Intelligence: Your Secret Workhorse. **LinkedIn Talent Solutions**, 7 mar. 2018. Disponível em: https://business.linkedin.com/talent-solutions/recruiting-tips/global-recruiting-trends-2018. Acesso em: 6 ago. 2024.

Imagine que você é um empreendedor buscando crescimento para sua startup. Seu objetivo pode ser encontrar investidores que acreditem na sua visão e estejam dispostos a investir capital. Nesse caso, sua estratégia de networking deve focar em frequentar eventos de investidores, participar de pitch meetings e se conectar com indivíduos com experiência em captação de recursos.

Se você é um profissional buscando desenvolvimento, seus objetivos podem incluir encontrar mentores que possam guiá-lo em sua carreira, descobrir oportunidades de cursos e treinamentos que aprimorem suas habilidades ou até mesmo conectar-se com colegas que possam oferecer diferentes perspectivas e insights valiosos, além de parcerias bem-sucedidas. Um exemplo é a jornada de influenciadores digitais, que utilizam o networking para colaborar com outros criadores de conteúdo, ampliando assim seu alcance e influência.

Antes de mergulhar no networking, tire um tempo para refletir sobre o que você realmente deseja alcançar. Escreva seus objetivos, seja minucioso e não tenha medo de sonhar grande. Lembre-se de que o networking eficaz é aquele que não apenas expande sua rede de contatos, mas também o aproxima dos seus sonhos e metas profissionais.

IDENTIFIQUE COM QUEM VOCÊ QUER SE CONECTAR

No vasto universo do networking, saber exatamente com quem você deseja se conectar é uma peça-chave para alcançar seus objetivos. Identificar as pessoas certas pode transformar sua jornada profissional e abrir portas para oportunidades que antes pareciam inalcançáveis.

Para começar, faça uma pesquisa aprofundada sobre quem são as figuras ou grupos que podem impulsionar sua carreira. Isso inclui profissionais influentes da sua área, colegas de profissão, mentores em potencial, pesquisadores de destaque, influenciadores digitais e até consultores renomados. Com a era digital, acessar informações sobre essas pessoas nunca foi tão fácil. Utilize plataformas como LinkedIn, Instagram e fóruns especializados para mapear quem são essas pessoas e como elas podem agregar valor à sua trajetória.

Vamos considerar o seguinte exemplo: você trabalha no setor de varejo. Nesse caso, seu objetivo pode ser se conectar com líderes de grandes redes de varejo que possam oferecer insights valiosos sobre tendências de mercado e estratégias de crescimento. Além disso, buscar conexões com especialistas em marketing de varejo pode abrir portas para colaborações em campanhas inovadoras e estratégias de fidelização de clientes. Consultores especializados em experiência do cliente, por sua vez, podem fornecer orientações estratégicas e operacionais que ajudem a otimizar a jornada do consumidor e melhorar os resultados.

Para tornar essa busca mais organizada, liste as pessoas ou grupos que você deseja alcançar, enumerando também possíveis maneiras de se conectar com cada um deles. Por exemplo, se você quer se conectar com um diretor de marketing específico, pode começar seguindo suas postagens no LinkedIn, comentando em suas publicações com insights relevantes e, eventualmente, enviando uma mensagem direta apresentando-se e demonstrando interesse genuíno em aprender com sua experiência. Participar de conferências e eventos do setor também é uma excelente maneira de encontrar esses profissionais pessoalmente.

NETWORKING INTENCIONAL

Aqui está a cereja do bolo! Construir conexões intencionais é a chave para estabelecer relacionamentos genuínos e duradouros que podem transformar sua carreira. Networking intencional envolve mais do que apenas trocar cartões de visita ou se conectar nas redes sociais; trata-se de investir tempo para realmente conhecer as pessoas, entender suas necessidades e interesses, e encontrar maneiras de agregar valor a elas.

Um estudo da Universidade de Oxford[28] revelou que redes de contato ricas e diversificadas podem aumentar significativamente as chances de sucesso profissional. De acordo com essa pesquisa, pessoas com redes sociais amplas e variadas tendem a ter acesso a mais oportunidades e informações, o que pode ser crucial para o desenvolvimento de suas carreiras.

A abordagem inicial é crucial. Uma mensagem direta pode ser mais eficaz se for personalizada e mostrar um interesse sincero na outra pessoa. Evite mensagens genéricas e, em vez disso, mencione algo específico que

[28] KURTUY, A. Why Is Networking Important | 5 Benefits & Tips for 2024! **Novo Resume**, 27 dez. 2023. Disponível em: https://novoresume.com/career-blog/why-is-networking-important. Acesso em: 6 ago. 2024.

chamou sua atenção, como uma palestra que ela deu ou um artigo que escreveu. Isso demonstra que você fez sua lição de casa e está verdadeiramente interessado em estabelecer uma conexão significativa.

A presença ativa e autêntica nas redes sociais é essencial. Compartilhe insights, participe de discussões e ofereça ajuda sempre que possível. Isso não só aumenta sua visibilidade como também estabelece você como uma figura de confiança e valor na sua rede. Um estudo da Universidade de Michigan[29] destaca que a qualidade das interações nas redes de contato é mais importante do que a quantidade, ressaltando a necessidade de interações significativas e contínuas. Uma dica é criar um cronograma para suas interações, garantindo que você mantenha uma constância nas suas interações e contribuições.

UTILIZE SUAS REDES PARA FAZER NETWORKING

Networking não se trata apenas de adicionar contatos ao seu LinkedIn, mas de construir conexões significativas que podem transformar sua carreira, aproveitando todos os diferenciais e oportunidades que redes como essa (e outras) têm a oferecer.

O LinkedIn permite que você se conecte com líderes de pensamento, participe de discussões relevantes e compartilhe insights que podem aumentar sua visibilidade. Um estudo da plataforma[30] revelou que profissionais que compartilham conteúdo regularmente são 27% mais propensos a serem vistos por recrutadores e 33% mais propensos a receber mensagens de outros profissionais da área.

Já o Instagram é uma plataforma incrível especialmente para conhecermos o lado mais pessoal e de estilo de vida das pessoas que pretendemos nos aproximar. E o X (antigo Twitter) é especialmente útil para se manter atualizado sobre as últimas tendências e participar de conversas em tempo

[29] GOPALAN, G. The Power of Networking for Women Entrepreneurs: Building Connections for Success. **Women on Business**, 12 maio 2023. Disponível em: www.womenonbusiness.com/the-power-of-networking-for-women-entrepreneurs-building-connections-for-success/. Acesso em: 7 ago. 2023.

[30] KURTUY, A. Why Is Networking Important | 5 Benefits & Tips for 2024! **Novo Resume**, 27 dez. 2023. Disponível em: https://novoresume.com/career-blog/why-is-networking-important. Acesso em: 6 ago. 2024.

real. Um estudo[31] da Pew Research, por exemplo, revelou que 42% dos usuários do X usam a plataforma para discutir política e eventos atuais, o que pode ser uma excelente maneira de se envolver em discussões significativas e aumentar sua visibilidade.

Além das redes sociais, não subestime o poder das redes off-line. Participar de eventos da sua área, conferências e workshops oferece a oportunidade de conhecer pessoas pessoalmente e construir relacionamentos mais profundos. Um estudo da *Harvard Business Review*[32] mostrou que 95% dos profissionais consideram as interações face a face essenciais para o desenvolvimento de relacionamentos de negócios duradouros. Assim, grupos de negócios, fóruns de discussão e até mesmo encontros casuais com amigos e vizinhos podem resultar em conexões valiosas.

O PRINCÍPIO DA RECIPROCIDADE

No mundo do networking, como já disse aqui (e vou continuar repetindo, pois é muito importante!), a reciprocidade é um princípio fundamental. Afinal, não é apenas sobre ampliar sua rede de contatos; é sobre construir conexões significativas e estratégicas que podem trazer benefícios mútuos.

O ato de oferecer algo antes de pedir é uma estratégia poderosa que pode transformar suas conexões em relacionamentos duradouros e significativos. Inclusive, um estudo da Universidade de Stanford[33] mostrou que a reciprocidade é um dos fatores mais influentes na formação de redes sociais eficazes.

Uma das primeiras coisas que você pode dar às pessoas é sua atenção genuína e disposição em escutá-las. Manter a mente aberta para ouvir sugestões, críticas construtivas, orientações e experiências é a verdadeira essência do networking.

Quando você aborda suas conexões com honestidade e um desejo sincero de aprender e contribuir, você se destaca em um mar de indivíduos que

---

[31] SOCIAL Media Fact Sheet. **Pew Research Center**, 31 jan. 2024. Disponível em: www.pewresearch.org/internet/fact-sheet/social-media/. Acesso em: 6 ago. 2024.

[32] 95% OF Professionals Say Face-To-Face Meetings Are Essential for Long-Term Business Relationships. **Harvard Business Review**, 2018. Disponível em: https://hbr.org. Acesso em: 9 ago. 2024.

[33] *Ibidem.*

estão apenas interessados em autopromoção. Esse comportamento egoísta pode levar à perda de oportunidades valiosas. Em vez disso, valorize a troca genuína de ideias e suporte.

Uma dica prática é ligar para um ex-colega, um professor ou um antigo líder e pedir conselhos, dicas ou indicações. Essa atitude não só mostra humildade e vontade de aprender, mas também ajuda a construir uma reputação positiva no mercado.

Outra dica: se você conhece duas pessoas que poderiam se beneficiar de se conhecer, apresente-as. Essa ação simples demonstra seu valor como um conector de pessoas e constrói boa vontade.

MANTENHA O CONTATO REGULARMENTE

No mundo dos negócios, onde as conexões são o alicerce do sucesso, a manutenção desses relacionamentos é essencial. Para garantir que suas conexões não esfriem, é vital manter um contato regular com elas. Esse cuidado não apenas fortalece os laços, mas também demonstra um interesse genuíno nas atividades e conquistas de seus contatos.

Imagine um cenário onde você trabalhou em um projeto colaborativo com diversos profissionais de diferentes empresas. Após a conclusão do projeto, muitos retornam às suas rotinas diárias. Se você não tomar a iniciativa de manter o contato, essas valiosas conexões podem se perder no tempo.

Uma maneira simples e eficaz de manter suas conexões aquecidas é através de ferramentas como WhatsApp ou LinkedIn. Essas pequenas interações, embora rápidas, mostram que você se importa. Por exemplo, quando um contato compartilha uma conquista no LinkedIn, como uma promoção ou a conclusão de um projeto importante, enviar uma mensagem de parabéns pode fazer toda a diferença. Esse gesto demonstra que você está atento e valoriza suas conquistas.

Considere também encontros periódicos. Um café casual ou um almoço de negócios podem reforçar a relação e abrir portas para novas oportunidades.

Outro exemplo prático é a participação em grupos de WhatsApp ou Telegram relacionados ao seu setor. Esses grupos permitem uma interação contínua e a troca de informações valiosas. Compartilhar artigos interessantes, novidades do setor ou até mesmo suas próprias realizações nesses grupos pode manter você e suas conexões sempre atualizados e engajados.

Quem não é visto não é lembrado. A manutenção de contatos regulares não apenas solidifica as relações, mas também garante que você esteja sempre no radar das oportunidades. Invista tempo e esforço para estar presente, demonstrando um interesse sincero nas atividades e conquistas de seus contatos.

Agora que já analisamos a fundo sobre networking, você já está apto para transformar teoria em prática. Pense nas pessoas com quem você já se conectou e naquelas com quem deseja se conectar. Envie uma mensagem hoje mesmo, marque um café, participe de um evento ou grupo de discussão. Cada interação é uma oportunidade para fortalecer sua rede e abrir novas portas.

Estou ansiosa para me conectar com você e continuar essa jornada de crescimento juntos. Sinta-se à vontade para me seguir nas redes sociais. Vamos trocar experiências, compartilhar conhecimentos e, quem sabe, abrir novas portas de oportunidades para ambos!

Aqui estão meus contatos:

- (in) Renata Spallicci
- (instagram) @respallicci
- (tiktok) @respallicci
- (dribbble) www.renataspallicci.com.br
- (email) contato@renataspallicci.com.br

CAPÍTULO 10

GUARDIÕES DA REPUTAÇÃO

Reputação não se compra, se conquista; é o selo de qualidade da sua trajetória.

No cenário da economia da influência, a reputação talvez seja o ativo mais valioso de uma marca pessoal. E não estou exagerando. Warren Buffett, considerado um dos mais importantes investidores do mercado financeiro global, afirmou certa vez: "Você leva vinte anos para construir uma reputação e cinco minutos para arruiná-la. Se você pensar sobre isso fará as coisas de maneira diferente".[34]

Bem, se Warren Buffett, listado em 2024, pela revista *Forbes*, como o sexto homem mais rico do planeta,[35] dono de um patrimônio de 130 bilhões de dólares, pensa assim, quem sou eu para discordar?

A reputação, em qualquer área, é a base sobre a qual relacionamentos de confiança são construídos, seja com clientes, parceiros de negócios, colaboradores, seguidores. Quando o assunto é marca pessoal, então, não há o que se discutir. Estratégias de negócios e de marketing você realinha, campanhas publicitárias você pode reformular... mas reputação é algo que deriva, diretamente, de ações, condutas, valores e percepções acumulados ao longo do tempo. Não há atalhos para alcançar a boa reputação; é conquistada com consistência, autenticidade, integridade e paciência.

Mas vale muito a pena construí-la. Não só porque é algo que diz sobre o seu caráter, mas também porque abre portas, cria oportunidades e fortalece

---

[34] BUFFETT, W. **The Essays of Warren Buffett**: Lessons for Corporate America. 4. ed. Nova York: Wiley, 2015.

[35] THE World's Billionaires List: Warren Buffett. **Forbes**, 2024. Disponível em: www. forbes.com/billionaires/. Acesso em: 12 ago. 2024.

a credibilidade. No caminho oposto, uma reputação ruim pode ser devastadora e exigirá um esforço monumental para tentar recuperá-la (e nem sempre com sucesso).

Pensando na importância desse tema para sua marca pessoal, neste capítulo vamos mergulhar nas nuances de como proteger e fortalecer sua reputação. Vamos explorar estratégias para gerir crises, práticas para manter a autenticidade e métodos para monitorar e avaliar continuamente a percepção pública. Como guardiões da nossa própria reputação, devemos estar atentos e proativos, reconhecendo que cada interação é uma oportunidade para solidificar nosso legado ou corrigi-lo.

ELEMENTOS QUE COMPÕEM A REPUTAÇÃO DA MARCA PESSOAL

Como mencionei brevemente, uma reputação forte e respeitável não surge da noite para o dia. Ela é o resultado de uma combinação de diversos elementos que, juntos, moldam a percepção que o público tem da sua marca pessoal, tanto no on-line quanto no off-line. Compreender e cultivar esses componentes é fundamental para construir uma marca pessoal sólida. Então, a seguir vamos explorá-los em detalhes, entendendo a relevância deles e como se aplicam em diferentes contextos.

Autenticidade: Em um mundo que muitas vezes oscila entre o superficial e o *fake*, ser autêntico, íntegro e verdadeiro é a chave para se destacar e conquistar a confiança das pessoas. Alinhar suas ações com seus valores, ser franco sobre suas paixões, habilidades e limitações, refletem a essência do ser autêntico. No dia a dia, essa autenticidade transparece nas interações face a face, nas quais sua honestidade é captada imediatamente. Já no ambiente digital, partilhar suas histórias reais, incluindo dificuldades e falhas, forja uma conexão verdadeira com seu público, que valoriza e se identifica com a honestidade.

Consistência: Se a autenticidade gera a confiança, a consistência é quem a firma no coração das pessoas. Quando suas ações e mensagens são constantes, você estabelece uma imagem de estabilidade, previsibilidade e confiabilidade, essenciais para construir e manter relacionamentos duradouros. Manter a consistência envolve ser fiel aos seus valores e promessas, refletindo isso em suas comunicações, comportamentos e na qualidade do trabalho que você entrega. No dia a dia, a consistência se manifesta na regularidade de suas interações, tanto no ambiente de trabalho quanto nas redes sociais, no cumprimento de prazos e na entrega de resultados de alta qualidade.

Transparência: Em tempos de acesso imediato à informação, ser transparente é vital para manter uma reputação impecável. Quando você compartilha informações de maneira clara e direta, incluindo a admissão de erros e a explicação dos passos para corrigi-los, reforça sua imagem de integridade e sedimenta a confiança do seu público em você. Essa transparência se manifesta em conversas francas, onde desafios e processos são abordados de forma clara e evidente. No universo das redes, ser transparente significa ser aberto sobre seus métodos e decisões, permitindo que sua audiência compreenda e confie em suas ações.

Competência: Mostrar habilidades e conhecimentos profundos em sua área de atuação fortalece sua credibilidade e a confiança do público na sua capacidade de entregar resultados. Para isso, é crucial manter-se atualizado com as tendências e inovações do seu campo, participando de cursos, workshops e eventos relevantes. Compartilhar suas conquistas e aprendizados, seja em conversas pessoais ou em plataformas on-line, é essencial para demonstrar ao público que você é um especialista confiável e competente. Essa prática não só exibe sua capacidade, mas também ajuda a diferenciá-lo de outros profissionais na mesma área, destacando seu profissionalismo e dedicação. Essa dedicação contínua ao aprimoramento que solidifica sua reputação e abre portas para novas oportunidades.

Empatia: Não basta ser verdadeiro, constante, transparente e competente se você não for próximo das pessoas, se você não for "humano". E é a empatia que humaniza sua marca pessoal e fortalece seus relacionamentos. Compreender as necessidades e emoções do seu público cria uma conexão mais profunda e significativa. Empatia envolve escutar ativamente e responder de maneira compreensiva e atenciosa. Ela se manifesta em nossas interações diárias com colegas e clientes, mostrando nossa preocupação genuína com suas necessidades e sentimentos. Nas redes, personalizar suas respostas e reconhecer as preocupações individuais da sua audiência também é crucial para construir essa conexão. Também se reflete em ações sociais e no modo como você contribui para causas importantes, demonstrando o quanto você se importa com as pessoas.

Responsabilidade: Assumir a responsabilidade por suas ações e consequências demonstra maturidade e integridade. Cumprir promessas e compromissos, por menores que sejam, é indispensável. No mundo do trabalho, essa responsabilidade se faz evidente em reuniões de trabalho e na execução de projetos, em que sua consistência e confiabilidade são permanentemente avaliadas. Na internet e nas redes não é diferente, assumir erros e trabalhar para corrigi-los, sem hesitação, mostra ao seu público que você é uma pessoa de palavra e com princípios sólidos. Saiba que demonstrar que você é confiável em todos os aspectos da sua vida cria uma base sólida para parcerias duradouras e respeitáveis. Importante salientar que ter responsabilidade não significa "não errar" (acredite, você vai errar); é ter resiliência, quando as falhas vierem, para seguir em frente.

Resiliência: Uma marca pessoal resiliente é percebida como forte e determinada, capaz de enfrentar adversidades e seguir em frente, inspirando confiança e admiração. Enfrentar desafios com uma atitude positiva e proativa é fundamental, isso não apenas fortalece sua reputação, mas também serve de inspiração para os outros, incentivando-os a seguir seu exemplo. Assim, compartilhe suas histórias de superação e as lições que aprendeu, tanto em conversas pessoais quanto nas redes, mostrando que você consegue lidar com obstáculos e sair mais forte do outro lado.

Conexões: Já vimos bastante sobre isso nos capítulos anteriores, mas reforço aqui: boas conexões fortalecem sua rede de apoio e ampliam sua influência. Dedique tempo para criar e manter laços autênticos. Participar de eventos, colaborar com colegas e mostrar interesse genuíno pelas pessoas ao seu redor são ações que fazem a diferença. Interagir de forma consistente e significativa com seu público amplia ainda mais seu alcance e credibilidade.

Comunicação: Comunicar-se bem fortalece a percepção de competência e confiança. Seja claro, conciso e persuasivo em suas interações, adaptando seu estilo de comunicação ao contexto. Nas reuniões e apresentações presenciais, a comunicação direta e honesta reforça a confiança. Enquanto na internet, a adaptação do seu tom e estilo conforme a plataforma – seja em redes sociais, blogs ou e-mails – garante que sua mensagem ressoe com diferentes segmentos da audiência. E muita atenção para saber escutar. Escute ativamente e responda de forma atenciosa, demonstrando que você valoriza o feedback recebido.

Ao entender e aplicar esses princípios, você se torna um verdadeiro guardião da sua reputação, garantindo que o selo de qualidade da sua trajetória permaneça intacto e brilhante.

O QUE PODE DESTRUIR SUA REPUTAÇÃO

Lembra-se da frase do Warren Buffett que mencionei no início do capítulo? Imagine você ter dedicado por anos tempo, esforço, dinheiro e energia na construção da sua marca pessoal e reputação e, em um piscar de olhos, ver tudo isso ir por água abaixo? Esse cenário, mais comum do que você imagina, acontece porque as pessoas se esquecem de ter igual dedicação à manutenção da sua reputação, não atentando a comportamentos destrutivos.

Se a consistência é o pilar da confiança que você constrói com seu público, a **inconsistência** pode ser a pedra que vai enterrar a sua reputação. Comportamentos e comunicações contraditórios não apenas confundem as pessoas, mas também corroem a sua credibilidade, gerando desconfiança.

Nesse mesmo sentido, não ser transparente em suas comunicações e ações pode ter efeitos devastadores. A **desonestidade** não apenas compromete a confiança interna e externa, mas também pode resultar em outros tipos de recriminações e sanções, inclusive legais, com danos irreparáveis à sua marca pessoal. Tome cuidado não apenas com suas falas, mas também a quem você se associa. Da mesma forma que uma empresa pode perder reputação por algo desonesto feito por um parceiro ou fornecedor, você pode ter sua imagem arranhada devido a uma associação de imagem mal pensada.

Não cumprir o que foi prometido é um dos caminhos mais rápidos para a perda de confiança em sua marca pessoal. A confiabilidade da sua marca é construída ao longo do tempo através do cumprimento consistente de promessas e quando essas promessas são quebradas, há uma perda significativa de credibilidade e confiança. Desse modo, a gestão de expectativas é uma competência crítica para quem deseja manter e fortalecer sua marca pessoal.

Outro ponto de grande impacto negativo na sua reputação é **ignorar ou não abordar adequadamente críticas e feedbacks negativos**. Isso pode amplificar problemas, prejudicando a imagem da sua marca pessoal. Estar aberto a esse tipo de mensagem é essencial para seu desenvolvimento e autoconhecimento. Aprenda a filtrar o que realmente faz sentido para sua evolução e sempre dê respostas rápidas, empáticas e bem estruturadas para todos esses conselhos, mitigando possíveis crises.

E, por falar em crises, **respostas inadequadas ou insuficientes** podem exacerbar a situação, transformando problemas menores em desastres de grande escala. Uma boa gestão de crise, com planejamento e execução eficaz durante uma crise, é fator determinante para proteger a sua reputação.

O QUE DEVE COMPOR UM PLANEJAMENTO DE CRISE

A construção e a manutenção de uma boa reputação, como vimos, não ocorrem por acaso; é um processo deliberado e estratégico que requer planejamento cuidadoso e execução consistente. Porém, não estamos isentos de errar ou de sermos envolvidos em crises, polêmicas e situações adversas. Assim, apresento a seguir os subsídios que devem compor um planejamento mínimo para garantir que sua marca pessoal consiga navegar com segurança por uma crise, minimizando o máximo possível de impactos negativos.

PLANO DE GESTÃO DE CRISES

Se estamos transportando conceitos do mundo corporativo para nossa marca pessoal, não podemos esquecer do plano de gestão de crises, um documento estratégico que nos guia para responder de modo eficaz a situações imprevistas que possam ameaçar nossa reputação, operações ou existência (em casos de empresas). Esse plano, aplicado à marca pessoal, garante que você esteja preparado para agir corretamente diante de qualquer adversidade.

Entenda: em momentos de crise, o tempo é essencial. Uma resposta rápida pode fazer a diferença entre conter um problema ou deixar que ele se torne uma catástrofe. E ter um plano preestabelecido permite que você responda de forma imediata e coordenada, sem perder tempo tentando descobrir o que fazer no calor do momento. Isso demonstra profissionalismo e controle, qualidades essenciais para manter a confiança do público.

Para começar seu plano de gestão de crise, o primeiro passo é avaliar e identificar os principais que a sua marca pessoal poderia enfrentar. Depois de levantar todos os possíveis riscos, considerando fatores internos e externos, crie planos de mitigação específicos para cada um deles. Nessa etapa, quanto mais detalhes, melhor. Se você tem uma equipe, deixe definido o papel de cada um, monte um posicionamento e escreva uma estrutura de respostas com quebra de objeções para cada um desses temas.

Como exemplo, a seguir apresento alguns pontos que analisei para compor o meu plano de gestão de crise:

REPERCUSSÃO NEGATIVA DE DECLARAÇÕES PÚBLICAS

- **Risco**: Uma declaração pública ou post em redes sociais pode ser interpretada de maneira negativa ou controversa, especialmente sobre temas sensíveis como igualdade de gênero, machismo estrutural ou saúde. (E acredite, já fui vítima de linchamento digital por defender direitos básicos das mulheres e já vi meu engajamento cair vertiginosamente por me posicionar a favor da comunidade LGBTQIA+.)
- **Mitigação**: Revisar cuidadosamente todas as declarações e posts, buscar orientação de consultores de comunicação e me preparar para responder de forma empática e informada.

PARCERIAS INADEQUADAS

- **Risco**: Associações ou colaborações com empresas ou indivíduos cuja reputação possa comprometer a sua imagem ou a da Apsen Farmacêutica.

- **Mitigação**: Realizar uma *due diligence* rigorosa antes de qualquer parceria, avaliando a reputação e os valores dos parceiros em potencial.

CRÍTICAS À MINHA GESTÃO NA APSEN FARMACÊUTICA

- **Risco**: Decisões empresariais impopulares ou mal recebidas podem gerar críticas que afetem a minha imagem como líder.

- **Mitigação**: Manter uma comunicação interna e externa transparente, explicando as razões e benefícios das decisões, e buscando sempre o feedback dos stakeholders.

VIDA PESSOAL EM DESTAQUE

- **Risco**: Aspectos da minha vida pessoal, como a participação em eventos sociais ou decisões pessoais, podem ser exagerados ou mal interpretados pela mídia e pelo público.

- **Mitigação**: Definir claramente os limites entre vida pessoal e profissional e ser seletiva sobre o que compartilho publicamente.

DESEMPENHO COMO AUTORA E COLUNISTA

- **Risco**: Críticas ou recepção negativa dos meus livros ou colunas podem impactar minha credibilidade como autora e colunista.

- **Mitigação**: Assegurar que todo o conteúdo publicado seja embasado em pesquisas e evidências científicas, demonstrando rigor e credibilidade. Consultar especialistas e fontes confiáveis para fortalecer os argumentos apresentados.

IMPACTO DE EVENTOS DE GRANDE VISIBILIDADE

- **Risco**: Participações em eventos de grande visibilidade, como palestras, entrevistas e podcasts, podem ser alvo de críticas.

- **Mitigação**: Estar preparada para responder a críticas construtivas de maneira profissional, e ter um plano de comunicação de crise pronto para gerenciar e mitigar possíveis repercussões negativas.

Ainda que o *timing* e o planejamento sejam essenciais para uma gestão de crise eficaz, nada disso adiantará sem um monitoramento contínuo de suas redes e ecossistema. Sugiro que você incorpore em sua rotina rituais e sistemas de monitoramento para identificar sinais precoces de problemas potenciais. Isso pode incluir o acompanhamento de mídia social, feedback de clientes e indicadores de desempenho.

Tenha em mente que elaborar um plano de gestão de crises para sua marca pessoal é um investimento estratégico na sua marca pessoal. Ele oferece um roteiro claro para navegar por situações desafiadoras, protege sua reputação e assegura que você possa continuar a crescer e prosperar, independentemente das adversidades que encontrar pelo caminho.

Quer ver um case que exemplifica muito bem um bom planejamento de crise? Aconteceu com a Michelle Obama, ex-primeira-dama dos EUA. Durante a campanha presidencial de 2008, ela enfrentou duras críticas e foi alvo de campanhas difamatórias,[36] passando a ter uma repercussão ruim entre os eleitores. Tudo começou com a seguinte frase dita por ela: "Pela primeira vez na minha vida adulta, estou orgulhosa do meu país". A declaração foi muito mal interpretada, e, ao longo de toda a campanha eleitoral do marido, Michelle foi frequentemente retratada de maneira negativa, sendo até descrita como *"angry black woman"* (mulher negra raivosa).

Quando se tornou primeira-dama, Michelle trabalhou arduamente para redefinir sua imagem. Através de um plano muito bem elaborado de Relações Públicas, ela abordou diretamente as críticas e se mostrou vulnerável, compartilhando suas histórias pessoais e experiências com honestidade. Para comunicar essa imagem, Michelle optou por utilizar tanto as mídias tradicionais quanto as redes sociais. Ela participou de *talk shows*, programas de entrevistas, eventos públicos onde podia interagir diretamente com as pessoas, mostrando sua personalidade calorosa e acessível. E usou redes sociais para compartilhar mensagens positivas, momentos da vida familiar e suas iniciativas. Isso ajudou a humanizá-la e a criar uma conexão direta com o público.

---

36 BRANCACCIO, D. How Michelle Obama Crafted a Public Image Amid the Toxic Polarization of Modern Politics. **Marketplace**, 13 nov. 2018. Disponível em: www.marketplace.org/2018/11/13/michelle-obama-crafted-public-image-amid-toxic-polarization-modern-politics/. Acesso em: 12 ago. 2024.

Além disso, lançou várias iniciativas que refletiam seus valores e paixões, como: Let's Move!, uma campanha para combater a obesidade infantil, promovendo alimentação saudável e atividades físicas. Joining Forces, uma iniciativa para apoiar veteranos e suas famílias, destacando seu compromisso com a comunidade militar. Reach Higher, um programa para encorajar jovens a buscar educação superior e oportunidades de carreira. Let Girls Learn, focada na educação de meninas ao redor do mundo, promovendo a importância da educação feminina.

No próximo capítulo, ao falarmos sobre ESG, vamos carimbar o quanto a reputação de uma marca pessoal está ligada a atitudes conscientes, principalmente ao respeito ao meio ambiente, à responsabilidade social e à governança, que tanto pode ser encarada como fator relevante quando se é líder de uma empresa, quanto para a gestão da sua marca pessoal.

CAPÍTULO 11

ESG E VOCÊ

Incorporar ESG à sua marca pessoal não é apenas uma tendência; é uma responsabilidade que define líderes conscientes e comprometidos com o futuro.

A construção de uma marca pessoal sólida e autêntica vai além das estratégias de marketing e da projeção de uma imagem bem-sucedida. No cerne disso tudo, como vimos, reside o propósito, que é o que nos impulsiona, define nossas ações e nos conecta de modo genuíno com aqueles ao nosso redor. Nesse contexto, a integração de princípios de ESG (sigla em inglês para Responsabilidade Ambiental, Social e Governança) à marca pessoal é uma necessidade que reflete o compromisso com um futuro sustentável e ético.

Noto uma lacuna significativa na discussão sobre a integração de ESG na marca pessoal, como se as pessoas ainda não tivessem percebido a profundidade e a importância dessa conexão. E isso é uma pena, pois acredito que é exatamente na ESG que encontramos a verdadeira força de uma marca pessoal.

Quando incorporamos ESG à nossa jornada, estamos, na verdade, declarando nosso compromisso com um mundo melhor, assumindo a responsabilidade por nossas ações e inspirando outros a fazer o mesmo. Afinal, são as pessoas que mudam e moldam o mundo!

Assim, este capítulo é um convite para explorar essa conexão. Vamos entender como os princípios de ESG podem se integrar de maneira orgânica e poderosa em nossa marca pessoal, fortalecendo não apenas a nossa presença, mas também amplificando nosso impacto positivo no mundo.

ESG E SUA MARCA PESSOAL

Segundo a KPMG, uma das maiores e mais respeitadas empresas de auditoria do mundo, o ESG é uma jornada de transformação dos negócios e envolve a construção de um mundo inclusivo, ético e ambientalmente sustentável, que deve garantir qualidade de vida para todos.[37] Vamos entender mais sobre cada letra dessa sigla?

- **O E de *Environmental*** refere-se à responsabilidade ambiental e às práticas de preservação e sustentabilidade. No caso de uma marca pessoal, significa desde adotar hábitos cotidianos sustentáveis até a defesa pública de causas ambientais.
- **O S de *Social*** envolve tudo o que diz respeito à responsabilidade social e o impacto positivo que uma empresa causa na comunidade. Para uma marca pessoal, podemos pensar desde ações de filantropia, voluntariado, apoio a causas sociais e promoção da diversidade e inclusão.
- **E o G de *Governance*** quer dizer Governança. Uma promessa que toda a empresa hoje, independentemente do segmento e do tamanho, deve ter: respeito à transparência, ética e boas práticas de gestão. Em se tratando de marca pessoal, eu gosto de traduzir como integridade e transparência nas ações e decisões e na construção de uma imagem de confiança e ética.

Para a sua reputação e aumento da sua credibilidade é tiro e queda: se a sua marca pessoal estiver alinhada com os princípios ESG, ela será vista como mais confiável e ética. E quem não quer estabelecer e manter uma reputação sólida, não é mesmo? Em especial público de hoje, cada vez mais atento às práticas sustentáveis e às causas sociais.

Ter responsabilidade e consciência social não é para qualquer um. É moeda valiosa, um diferencial significativo quando uma empresa escolhe um líder, um parceiro ou um colaborador, quando o público decide seguir alguém nas redes. Considere o ESG como algo indispensável para incorporar à estratégia de condução da sua marca pessoal.

A seguir, apresento alguns exemplos práticos e como podemos usar esses elementos no dia a dia de nossa marca pessoal.

[37] ESG & Sustainability. **KPMG**, [s. d.]. Disponível em: https://assets.kpmg.com/content/dam/kpmg/jm/pdf/esg-as-the-new-paradigm.pdf. Acesso em: 9 ago. 2024.

ENVIRONMENTAL (RESPONSABILIDADE SOCIAL)

- **Sustentabilidade no dia a dia:** Você pode adotar um estilo de vida que minimize o impacto ambiental, como optar por transportes alternativos (bicicleta, transporte público, caronas), utilizar sacolas reutilizáveis, reduzir o consumo de carne e evitar o desperdício de alimentos. Para mostrar isso ao seu público, crie o hábito de incluir essas ações de forma natural nas redes sociais, incentivando outros a fazer o mesmo.

- **Consumo consciente:** Envolver-se ativamente em projetos comunitários e causas sociais que promovam o bem-estar da sociedade é essencial para uma marca pessoal autêntica. Participar de voluntariado em ONGs, campanhas de arrecadação de fundos e apoiar causas locais são formas eficazes de demonstrar esse compromisso. Documentar e compartilhar essas experiências, como ajudar em um abrigo para sem-teto ou participar de programas de mentoria para jovens desfavorecidos, pode inspirar outros a se engajarem em ações similares, ampliando o impacto social positivo.

- **Influência positiva:** Utilize sua presença em diferentes plataformas para aumentar a conscientização sobre questões ambientais importantes, como mudanças climáticas, conservação da biodiversidade e poluição. Você pode organizar e promover campanhas de limpeza de praias, participar de seminários e debates sobre sustentabilidade e compartilhar essas experiências on-line para inspirar sua audiência.

SOCIAL (SOCIAL)

- **Diversidade e inclusão:** Promover e apoiar a diversidade em seu círculo de contatos e em seu conteúdo é fundamental para uma marca pessoal inclusiva. Isso inclui defender a inclusão de diferentes perspectivas e experiências, colaborando com profissionais de diversas origens em seus projetos, dando voz a minorias em suas plataformas e participando de iniciativas que promovam a igualdade e a inclusão.

- **Responsabilidade social:** Envolver-se ativamente em projetos comunitários e causas sociais que promovam o bem-estar da sociedade são excelentes iniciativas para quem quer desenvolver sua responsabilidade social. Não se esqueça de documentar e compartilhar suas experiências de voluntariado, sempre incentivando sua audiência a se envolver.

- **Relações éticas:** Manter um comportamento ético em todas as interações profissionais e pessoais, garantindo transparência, respeito e integridade em suas ações, é essencial para uma marca pessoal sólida. Publicar sobre a importância da ética nos negócios, destacando boas práticas e compartilhando exemplos de como você lida com desafios éticos em sua carreira, ajuda a promover um ambiente de confiança e responsabilidade.

GOVERNANCE (GOVERNANÇA)

- **Transparência:** Ser claro e honesto sobre suas atividades, projetos e parcerias promove confiança e credibilidade entre seus seguidores e colaboradores. Divulgue sempre todas as informações sobre colaborações, patrocínios e publicidades de forma transparente, explicando o motivo das parcerias e como elas se alinham com seus valores pessoais.

- **Responsabilidade pessoal:** Assumir a responsabilidade por suas ações e decisões, demonstrando integridade e compromisso com princípios éticos e morais, é crucial para construir uma marca pessoal confiável. Compartilhar histórias pessoais de desafios e aprendizados, mostrando como você lidou com erros e o que fez para corrigir ou melhorar a situação, promove uma cultura de responsabilidade e crescimento pessoal.

- **Educação e desenvolvimento:** Invista continuamente em sua própria educação e desenvolvimento profissional, buscando novas habilidades e conhecimentos para se manter atualizado e relevante.

TEM GENTE QUE É SÓ FAMOSA, E MUITO MAIS

Ser famoso por ser famoso muitos conseguem, nem que por minutos. Mas ter aquele algo mais é que são elas. E aqui quero trazer exemplos de pessoas assim. Que foram além do conceito de serem famosas e se tornaram influências positivas com o uso de elementos de ESG.

Começo com a Viviane Senna, uma das personalidades mais influentes do Brasil na área da educação e do desenvolvimento social. Irmã de Ayrton Senna, o maior piloto brasileiro de Fórmula I de todos os tempos, Viviane fundou e preside o Instituto Ayrton Senna (IAS), desde 1994. A sua formação em Psicologia pela Pontifícia Universidade Católica de São Paulo (PUC-SP) já lhe garantiu um começo seguro, mas ao longo de sua jornada, ela ainda buscou uma sólida formação em gestão e liderança.

Viviane trouxe para o IAS parcerias nacionais e internacionais, colaborando com governos, escolas e várias instituições na implementação de programas educacionais inovadores. A ideia é desenvolver competências socioemocionais e cognitivas dos alunos, um trabalho que impacta milhões de estudantes em todo o Brasil.

A marca pessoal de Viviane Senna está profundamente enraizada na sua visão de um Brasil mais justo e preparado, onde todas as crianças tenham acesso a uma educação de qualidade. Sua missão é continuar o legado de seu irmão Ayrton Senna, com a mesma determinação e paixão que ele tinha nas pistas, procurando transformar a realidade da educação no país.

Clara e persuasiva, ela sabe mobilizar recursos e utiliza sua posição de destaque e credibilidade para influenciar políticas públicas e engajar diversos setores da sociedade em sua causa. E tem dado certíssimo, porque, sob a sua liderança, o Instituto Ayrton Senna é uma organização sustentável, tem um crescimento contínuo e hoje é uma referência no segmento educação não só no Brasil como no mundo.

E já que falei da irmã, preciso ao menos mencionar o querido Ayrton Senna, esse ídolo maior, falecido em 1994, considerado um dos maiores nomes da Fórmula 1 de todos os tempos. Nas pistas, Senna conquistou inúmeras vitórias para o Brasil, três títulos mundiais e deixou um legado inesquecível. Sua marca pessoal é carregada de determinação, coragem e uma habilidade excepcional nas pistas. E ela perdura após a sua morte, porque continua sendo um ícone de excelência e inspiração, não apenas no esporte. Senna é símbolo de perseverança e integridade para várias gerações, e isso fica impresso, como mencionei há pouco, na atuação da sua irmã Viviane à frente do IAS.

Viviane e Ayrton Senna têm marcas pessoais poderosas, cada uma em seu campo de atuação, mas unidas por um mesmo compromisso com a excelência, com o desejo de realizar o melhor e causar impacto positivo na nossa sociedade. São marcas que se tornaram verdadeiros ativos e, como tal, precisam ser muito bem cuidadas. Aliás, outro dia estava em uma aula sobre Sucessão, no *Bord Program* da Startse,[38] e foi dito que a família já está

---

[38] Saiba mais aqui: www.startse.com/board-program/.

pensando na educação dos filhos da Viviane para a sucessão. Não só para a manutenção do trabalho do Instituto Ayrton Senna, mas também para os negócios em que a marca Ayrton Senna é presente, para a sua assinatura que hoje está em vários produtos e, obviamente, para os royalties que tudo isso traz para a família. Essa família entendeu que um ícone como o Ayrton precisa ser eternizado, e que sua influência vai além do esporte e pode (aliás deve) impactar positivamente futuras gerações.

Eu poderia listar aqui uma série de outras pessoas que souberam ligar sua marca pessoal ao ESG. Nomes como Fernanda Cortez, fundadora do Menos 1 Lixo; a executiva Raquel Maia, defensora incansável da equidade de gênero e raça; Edu Lyra, da Gerando Falcões e tantos outros. Mas escolhi terminar esse capítulo mencionando alguém que traz uma marca pessoal intimamente ligada ao aspecto da Governança, o filósofo, escritor e educador Mario Sergio Cortella. Sua marca pessoal é marcada por sua sabedoria, clareza de comunicação e, sobretudo, suas falas sobre ética e educação. O pensamento crítico e a reflexão sobre as atitudes que tomamos e as escolhas que fazemos são cuidados que Mario Sergio Cortella nos ensina com as suas "aulas". E a ética é, sem dúvida, um dos pilares centrais do seu trabalho. Segundo ele, a ética é fundamental para a construção de uma sociedade justa e equilibrada, algo que parece óbvio, mas que, se não colocada em prática, não colabora em nada para melhorar esse mundo, não é?

Esforce-se para inserir, de maneira verdadeira, os elementos de ESG em sua marca pessoal. Vai valer a pena. Agregará valor à sua marca, mas sobretudo à sua história!

Encontro você no próximo capítulo para falarmos sobre outro tema apaixonante: o ecossistema da marca pessoal.

CAPÍTULO 12

EXPANDINDO O ECOSSISTEMA PESSOAL

Sua marca pessoal é o motor propulsor do ecossistema de possibilidades do seu futuro.

O ano era 2021 e, àquela altura, eu já havia ouvido falar sobre ecossistema no mundo empresarial. Mas confesso que ainda não tinha entendido de fato o que significava. E então surgiu a oportunidade de estar com o Walter Longo, um dos maiores pensadores da era pós-digital, especialista no impacto da inovação na vida das pessoas e das empresas, em uma consultoria que ele prestou para a Apsen.

Longo trouxe diversos exemplos de ecossistemas que ele ajudou a construir e, a partir desses tantos exemplos, conheci mais profundamente a ferramenta, visualizando sua aplicação tanto para marcas empresariais quanto pessoais.

Nosso grupo de líderes da Apsen, quando entendeu a amplitude e força do conceito, mergulhou no desafio apaixonante de consolidar e construir o ecossistema da empresa. Foi incrível!

Ao mesmo tempo, naquele momento, eu também vivi uma "epifania", enxergando o que algumas pessoas estavam construindo, de forma brilhante, em suas marcas pessoais. Identifiquei o quanto uma marca pessoal robusta potencializa os negócios aos quais ela está atrelada, proporcionando uma gama infinita de oportunidades.

Mas a que me refiro quando falo de ecossistema de marca?

ECOSSISTEMA DE MARCA

O conceito tem relação a como o mercado enxerga e se organiza, não se atrelando a uma perspectiva meramente concorrencial e individualista, mas, sim, olhando para as relações pelo viés da interdependência e da cooperação.

A inspiração para o termo vem da natureza. Na biologia, o termo "ecossistema" envolve as relações de interdependência entre os seres vivos e o meio ambiente, nas quais — direta ou indiretamente — um necessita do outro para sobreviver. Claro que esse conceito passa por transformações quando se trata de empresas, mas a ideia é a mesma. Em um ecossistema empresarial, as empresas se relacionam umas com as outras para além da relação competitiva, de modo que há uma cooperação entre elas para a criação de valor.

POR QUE AS MARCAS TÊM APOSTADO NESSE CAMINHO?

A ideia de ecossistema começou a se tornar bastante forte durante a década de 1990, quando muitas empresas perceberam que, sozinhas, não tinham todo o conhecimento ou a tecnologia necessária para continuar expandindo da maneira como queriam e precisavam.

Até então, havia indícios preliminares desse caminho, em um discurso que propunha parcerias do tipo "ganha-ganha" entre clientes e fornecedores. Mas o conceito de ecossistema propunha vários passos além.

Foi quando as primeiras organizações passaram a cooperar com pequenas empresas e fornecedores para a entrega de produtos e/ou de serviços e também para investimentos em inovação. Tudo isso aconteceu como consequência natural do movimento dos mercados, das novas tecnologias, dos novos modelos de negócios e, assim, o termo "ecossistema" apenas serviu, de forma mais que adequada, para definir o que estava ocorrendo à época.

A ideia mostrou-se válida, ganhou força e, atualmente, empresas com visão de futuro têm se estruturado para trabalhar no formato de ecossistemas a partir de uma perspectiva focada em oportunidades. Dessa forma, elas conseguem potencializar seus negócios e o alcance de suas marcas por meio de parcerias, *media for equity* (modelo no qual empresas de mídia oferecem espaço publicitário em troca de ações da empresa que recebe a publicidade; ideal para startups que precisam de visibilidade sem gastar dinheiro, trocando ações por anúncios) ou collabs (parcerias entre marcas ou influenciadores para criar algo em conjunto, como produtos ou campanhas. Ambas as partes se beneficiam ao combinar suas audiências e expertise) etc.

É também por meio dessa estrutura que os negócios se fortalecem e se retroalimentam, trazendo oportunidades de incremento de portfólio, aceleração no desenvolvimento de novos produtos e soluções e acesso a novos mercados. Tudo isso com muito mais dinamismo e eficiência do que em empresas tradicionais.

Vivendo o mundo dos negócios há mais de vinte anos, acompanhei essa mudança de perspectiva. Antes, as empresas tinham clientes e fornecedores, fim. Mas, quando passaram a trabalhar no formato de ecossistema, passaram a enxergar essas relações como verdadeiras redes, cheia de conexões, e não como uma única linha vertical e hierárquica. Surgiram perguntas do tipo: "Um cliente pode ser um parceiro em vez de apenas um cliente?" e "Será possível desenvolver um produto em conjunto com esse cliente ou com um fornecedor?". Podem parecer reflexões simples, mas ao respondê-las, as empresas ganharam eficiência.

Exemplo perfeito disso é a Ambev, uma das maiores empresas de bebidas do Brasil e do mundo. A companhia de vinte e três anos, dona de mais de duzentas marcas de bebidas – como a Budweiser, Stella Artois, Skol, Brahma, Antarctica e muitas outras – detém mais de 60% do mercado brasileiro de cervejas, representando um impacto de mais de 3% no PIB (produto interno bruto) do país.[39]

Apesar do sucesso inegável, a companhia não se acomodou e investe pesado em inovação. Atualmente, conta com cerca de vinte negócios digitais e as inúmeras transformações em curso confirmam seu objetivo de alcançar a ambidestria organizacional. Nas palavras de Jean Jereissati, CEO da Ambev, "ser apenas uma empresa de bebidas não nos representa mais".[40]

A Ambev promove um trabalho fantástico de diversificação de receitas ampliando seu próprio ecossistema de negócios. E uma das formas que ela faz isso é apostando na transformação digital em diferentes frentes.

[39] RODRIGUES, I. Estudo de caso AmBev: como ela criou seu ecossistema de negócios. **Portal G4 Educação**, dez. 2022. Disponível em: https://g4educacao.com/portal/estudo-de-caso-ambev. Acesso em: 3 jul. 2024

[40] ESTUDO de caso AmBev: como ela criou seu ecossistema de negócios. **G4 Educação**. Disponível em: https://g4educacao.com/portal/estudo-de-caso-ambev. Acesso em: 13 ago. 2024.

Em uma delas, ao criar a plataforma MyBees, bares e restaurantes podem, além de encomendar bebidas, realizar serviços financeiros. Ou seja, é um produto *business to business* (B2B) que diversifica a fonte de receita tradicional da Ambev (originalmente vendas de bebidas).

A empresa também apostou na startup Zé Delivery para consumidores finais pedirem bebidas em casa por um app. O entregador busca a bebida no bar ou restaurante parceiro da Ambev mais próximo do endereço de entrega. Perceba que há uma conexão de várias pontas aqui:

- O consumidor que faz o pedido.
- O bar que ganha com uma nova fonte de receitas.
- O entregador que ganha com a corrida.
- E a própria Ambev, que ganha ao intermediar a venda por um novo canal e tem sua própria rentabilidade e modelo de negócio ampliados.

Outro exemplo da expansão do ecossistema de negócios da Ambev foi a criação da Z-Tech: hub de tecnologia e inovação da Ambev no Brasil e da Anheuser-Busch Inbev no mundo. A Z-Tech promove inovação a partir de investimentos e parcerias que promovam soluções tecnológicas para pequenos e médios negócios. O objetivo é, principalmente, resolver dores de varejistas, bares, restaurantes e supermercados, ou seja, dos clientes da Ambev.

Esta é a grande sacada dos ecossistemas: nesse formato, todos os envolvidos são beneficiados de alguma forma e a economia é impulsionada.

Percebe como é praticamente um caminho na direção contrária ao que se fazia no passado, quando trabalhávamos com base em tendências de mercado e víamos pouquíssimas inovações acontecerem? Nesse novo modelo, porém, as empresas e pessoas cocriam o futuro. Nessa perspectiva de ecossistema, é muito mais fácil você criar coisas inusitadas.

Um exemplo quentinho, que aconteceu enquanto eu revisava este livro e deu tempo de incluir aqui, é a collab entre Havaianas e Dolce & Gabbana.

Para contextualizar um pouco mais, vale a pena voltar no tempo e relembrar a história da Havaianas, um grande exemplo de transformação e reinvenção de marca. Lançada em 1962 pela Alpargatas, a inspiração para os chinelos veio das sandálias japonesas Zori, feitas de palha de arroz. Naquele tempo, os chinelos eram simples, acessíveis e destinados principalmente às classes mais baixas. Eram conhecidos por sua durabilidade e conforto, mas não tinham o apelo de moda que possuem hoje.

Nos anos 1990, a Havaianas passou por um rebranding significativo que mudou seu destino. A empresa começou a investir em campanhas publicitárias criativas, associando a marca a um estilo de vida descontraído, colorido e alegre. Slogans como "Havaianas, todo mundo usa" tornaram-se populares, e o uso dos chinelos por celebridades brasileiras e internacionais ajudou a aumentar seu apelo e status. Além disso, a introdução de uma ampla gama de cores e estampas transformou os chinelos em itens de moda desejáveis.

Melhorias nos materiais garantiram conforto e durabilidade superiores, e a diversificação de produtos também contribuiu para seu sucesso, com a inclusão de roupas, acessórios e parcerias exclusivas, ampliando o portfólio e o alcance de mercado.

A estratégia de expansão internacional foi crucial para o sucesso da Havaianas. A marca começou a exportar para países como Estados Unidos, Europa e Ásia, posicionando-se como uma marca premium de estilo de vida. Participar de eventos de moda e colaborar com designers renomados e marcas de luxo como Saint Laurent, Missoni e Dolce & Gabbana solidificaram a imagem premium da Havaianas também ajudou a reforçar sua imagem.

Além disso, a Havaianas investiu em iniciativas de sustentabilidade, como o uso de borracha reciclada, e programas de responsabilidade social, o que aumentou seu apelo entre consumidores conscientes.

Tudo isso foi importante para posicionar a marca como um ícone de estilo global, tornando o chinelo sinônimo de qualidade e estilo de vida. E, claro, resultou em um aumento significativo nas vendas e na receita da empresa.

A parceria com a Dolce & Gabbana combinou a tradição e o conforto dos chinelos Havaianas com o estilo luxuoso e as estampas icônicas da famosa grife internacional. Com designs vibrantes e exclusivos, os novos modelos refletiram a estética sofisticada da Dolce & Gabbana, gerando muitos benefícios para ambas as marcas. Sem dúvida um excelente exemplo de como o modelo de ecossistema gera negócios e oportunidades para toda a cadeia envolvida!

Essa parceria rendeu muitos frutos para a Havaianas, ajudando-a a se posicionar como uma marca premium e aumentando sua percepção de valor no mercado global, dando ainda mais visibilidade Internacional à marca. Já para Dolce & Gabbana, permitiu à marca alcançar um público mais amplo, oferecendo produtos a preços mais acessíveis, trazendo inovação, um toque de casualidade e conforto. Além disso, ao unir forças com uma marca globalmente reconhecida por seu conforto e estilo, Dolce & Gabbana reforçou sua imagem de marca versátil e adaptável a diferentes estilos de vida.

A colaboração entre Havaianas e Dolce & Gabbana foi um sucesso tanto em termos de vendas quanto de marketing. As coleções esgotaram rapidamente, mostrando a alta demanda por produtos que combinam luxo e acessibilidade. Além disso, a parceria gerou um buzz significativo nas mídias sociais e na imprensa, destacando a inovação e a criatividade das duas marcas.

Agora que entendemos o potencial de negócios pensados como ecossistema, vamos ver isso aplicado ao tema do nosso livro, sua marca pessoal.

COMO APLICAR O ECOSSISTEMA NA SUA MARCA PESSOAL?

Assim como o ecossistema pode impulsionar o crescimento de empresas, em especial em um contexto de longevidade, também o faz quando aplicado a uma marca pessoal.

Para líderes empresariais, influenciadores e profissionais que buscam destacar-se, os ecossistemas de marca e pessoal são interdependentes. A consistência entre a imagem pessoal e a da empresa fortalece a confiança e a credibilidade perante o público. Assim, a construção de uma marca pessoal autêntica que ressoe com os valores da marca corporativa é capaz de alavancar tanto o sucesso individual quanto o empresarial.

Admiro muito o Alê Costa, o fundador da Cacau Show. Ele é um empresário de sucesso que se enxergou como uma marca pessoal, que ao ser colocada no centro de um ecossistema, potencializou os negócios. Sua trajetória está intrinsecamente ligada à marca Cacau Show, que hoje é a maior rede de chocolates finos do mundo, com milhares de lojas espalhadas pelo Brasil e pelo exterior. E, nos últimos anos, a marca pessoal de Alê Costa, caracterizada por sua autenticidade, paixão pelo que faz e uma abordagem inovadora ao negócio de chocolates, também cresceu. Ele se posicionou não apenas como um empresário de sucesso, mas como um visionário que entende profundamente o mercado e os desejos dos consumidores.

O empresário entendeu que o seu propósito ia além da Cacau Show e, com isso, passou a conectar sua marca pessoal com pontos como responsabilidade social, sustentabilidade, entretenimento e até arte (sim, ele é um grande colecionador de obras de arte e até já fez exposições em sua casa). Assim, começou a se expor, mas como "CPF" – como eu gosto de brincar –, começando a participar de programas de TV, eventos, dando palestras e também usando as redes sociais, em especial o TikTok e o LinkedIn, para fortalecer as mensagens que queria passar.

No caso do Alê, ele foi de marca de CNPJ para CPF, certo? Mas há casos que o contrário também acontece. Vou compartilhar um de alguém que trilhou o caminho contrário, isto é, começando como uma marca pessoal e, através da construção do seu ecossistema, se expandiu, tornando-se um verdadeiro case de negócios.

Estou falando da Sabrina Sato, de quem sou fã e em quem me inspiro muito! A Sabrina ficou conhecida nacionalmente por participar do Big Brother Brasil em 2003, quando o programa ainda não era conhecido por tornar as pessoas famosas. Ela rapidamente conquistou o coração dos brasileiros com sua autenticidade, carisma e talento. E foi nessa conexão genuína com o público que, junto com seus irmãos, Karina e Karin Sato, ela firmou o alicerce para a construção de uma marca pessoal sólida e multifacetada.

Logo que saiu do BBB, Sabrina já iniciou sua carreira na TV, alcançando muito sucesso, chegando inclusive a ter seu próprio programa. Paralelamente à sua carreira na televisão, ela sabiamente investiu em diversos empreendimentos e expandiu seu ecossistema pessoal para além do mundo do entretenimento. Lançou linhas de roupas, sapatos e produtos de beleza que levam seu nome, aproveitando seu estilo e influência para atrair consumidores. Esses produtos não só refletem sua marca pessoal, mas também estabelecem uma conexão direta com seu público, que se identifica com seu estilo de vida.

Sabrina também é uma empresária ativa no mundo digital. Ela utiliza suas redes sociais, que contam com milhões de seguidores, para promover suas marcas e produtos, além de se envolver em campanhas publicitárias de grandes empresas como, por exemplo, O Boticário e Alto Giro, em que sua imagem é associada a valores de autenticidade e modernidade. Esse tipo de parceria não só amplia seu alcance, mas também agrega valor às marcas com as quais se associa, criando uma relação de benefício mútuo.

A expansão do ecossistema de Sabrina Sato é impulsionada por uma estratégia clara de diversificação e aproveitamento de oportunidades. Ela tem a capacidade de se reinventar constantemente, explorando novas áreas e adaptando-se às mudanças do mercado. Seja através de novos programas de televisão, lançamentos de produtos ou parcerias estratégicas, a Sabrina está sempre expandindo seu impacto e influência. Inspirador, não é mesmo?

Caminhando para o final deste capítulo, quero deixar dicas e conceitos que considero importantes nesse processo de construção de um ecossistema pessoal. Antes, porém, preciso abrir um parêntese para falar sobre um tema ainda pouco comentado, mas que, tenho certeza, vai ganhar cada vez mais espaço nos próximos anos: a relação entre marca pessoal e empresarial.

CPF NO CNPJ

Nos últimos anos, as relações entre empresas e colaboradores evoluíram para além do tradicional modelo empresa-empregado. Nessa esteira, cresce a cada ano o número de empresas que incentivam seus profissionais a trabalharem suas respectivas marcas pessoais. É o que chamo de CPF no CNPJ. Esse movimento não é à toa. No início dos anos 2000, o autor Daniel Pink, em seu livro *Free Agent Nation*,[41] já previa o mundo em que vivemos hoje, onde cada um de nós se torna um "autovendedor" e responsável pela própria carreira e por se apresentar ao mundo.

As empresas estão cada vez mais comprometidas em mostrar ao colaborador que ele é o dono da sua carreira – dentro ou fora da empresa. Assim, vencendo um receio inicial, muitas empresas têm incentivado seus colaboradores e se tornarem "visíveis", aprendendo a se autopromover. Não menos importante (especialmente para as empresas) é a oportunidade de usar a reputação, a rede pessoal e a influência dos funcionários sobre o seu público para promover os bens e serviços da empresa.

---

[41] PINK, D. H. **Free Agent Nation**: The Future of Work for Yourself. New York: Business Plus, 2002.

Muitas empresas ainda revelam certo medo de incentivar seus funcionários a trabalhar sua marca, temendo que isso possa torná-los mais atraentes para outros empregadores. Mas a verdade é que essa parece ser uma dinâmica irreversível e que traz ganhos importantes também para a empresa.

Fortalecer a marca pessoal do colaborador pode ser uma ótima maneira de melhorar a marca da empresa. Se os colaboradores tiverem uma marca pessoal sólida, isso refletirá positivamente na empresa, pois poderá ajudar a aumentar o conhecimento sobre seus produtos ou serviços. Juntos, é possível criar uma marca poderosa que atrairá mais consumidores e clientes.

Um levantamento realizado pela Edelman em 2020, por exemplo, revela que as mensagens de marketing vindas diretamente dos funcionários alcançam 562% mais do seu público quando comparadas às da marca corporativa. Além disso, mais de 50% dos consumidores declaram ser mais propensos a acreditar nas mensagens dos funcionários de uma empresa do que no CEO ou porta-voz da empresa.[42] Ou seja, as pessoas confiam mais nos funcionários do que nas empresas, por isso colaboradores com marcas pessoais fortes podem ajudar a atrair os melhores talentos e a retê-los, pois se sentirem que podem desenvolver sua marca pessoal dentro da empresa, será mais provável que permaneçam.

Enfim, a construção de um ecossistema no qual marcas pessoais e corporativas se complementam é uma estratégia poderosa para o crescimento e a inovação. Ao valorizar e incentivar a marca pessoal de seus colaboradores, as empresas não apenas criam um ambiente mais colaborativo e dinâmico, mas também se posicionam de forma mais forte e resiliente no mercado.

Sei que há muito para se aprofundar em torno dessa conversa, mas me senti compelida a ao menos apresentar esse tema, visando suscitar novos diálogos em torno do assunto.

Bem, fecho o parêntese, e, agora, vamos às dicas para que você possa dar início à construção de seu ecossistema pessoal.

---

[42] KYAMKO, M. 74 Branding Statistics Every Entrepreneur and Marketer Needs to Know in 2024. **Crowdsprings**, dez. 2023. Disponível em: www.crowdspring.com/blog/branding-statistics/. Acesso em: 7 jul. 2024.

DICAS PARA CRIAR UM ECOSSISTEMA DE MARCA PESSOAL HOLÍSTICO

Ao falarmos de ecossistema da marca, estamos falando na integração de tudo que venho conversando com você ao longo do livro. Um ecossistema holístico de marca pessoal é aquele em que todos os aspectos da sua marca estão alinhados e trabalham juntos para criar uma experiência consistente e autêntica para o seu público, o que inclui sua presença e suas interações on-line e off-line. Para tanto, é preciso contemplar os seguintes passos:

- **Comece com uma base sólida.** Antes de começar a construir o ecossistema da sua marca, é crucial ter uma base sólida. Essa base começa com o autoconhecimento. Entenda seus valores, paixões e qualidades únicas que o diferenciam. Defina seu propósito e determine pelo que você deseja ser conhecido. Essa autoconsciência moldará o núcleo da sua marca pessoal.

- **Mantenha a consistência.** A mensagem da sua marca pessoal deve ser clara e consistente em todas as plataformas. Quer você esteja se comunicando nas redes sociais, através do seu blog ou pessoalmente, suas mensagens devem refletir seus valores, experiência e personalidade de forma uniforme.

- **Seja autêntico.** Não custa relembrar: a autenticidade é essencial para uma marca pessoal forte. Seja você mesmo e deixe sua personalidade brilhar em suas comunicações. Admita erros quando necessário e mantenha-se genuíno em todas as interações. A autenticidade promove confiança e lealdade.

- **Engaje-se com seu público.** Interaja regularmente com seu público. Responda a comentários nas redes sociais, escreva postagens em blogs e participe de eventos do setor. Reúna continuamente feedback de seus seguidores, colegas e mentores. Use esse feedback para refinar e desenvolver sua marca pessoal ao longo do tempo. A adaptação é a chave para permanecer relevante e atraente.

- **Tenha paciência.** Não passe correndo por este tópico: construir um ecossistema de marca pessoal forte exige tempo e esforço. Não desanime se os resultados não forem imediatos (e provavelmente não serão). Continue criando ótimo conteúdo, interagindo com seu público on-line e presencialmente e mantendo a autenticidade. Eu garanto a você: o comprometimento com esse processo trará recompensas a longo prazo.

LIÇÕES DA NATUREZA

Como disse no início do capítulo, o mundo dos negócios emprestou da biologia o conceito de ecossistema e quero voltar a ela, a natureza, para colhermos três ensinamentos que aprendi com a estrategista de marca pessoal Jennette Cajucom.[43] Tomei a liberdade de chamar de ABC do Ecossistema.

A DE ADAPTAÇÃO: A CHAVE PARA A SOBREVIVÊNCIA E O SUCESSO

Na biologia, a adaptação é essencial para a sobrevivência. No contexto da marca pessoal, não é diferente. Adaptar-se ao cenário em constante mudança é vital. Assim como as espécies evoluem para enfrentar as mudanças ambientais, sua marca pessoal precisa evoluir com as tendências do mercado, avanços tecnológicos e mudanças sociais.

Quando o assunto é adaptar-se, olhe para o melhor: o camaleão, mestre da camuflagem, que utiliza células com pigmentos especiais sob sua pele para se ajustar dinamicamente ao ambiente. O ambiente muda, ele muda. Esse fenômeno biológico não é apenas uma imitação, mas um sofisticado mecanismo de sobrevivência que permite ao camaleão reagir a estímulos externos, predadores e presas.

Redefinir sua marca pessoal em resposta às mudanças do cenário é similar a esse processo fisiológico. Não se trata de abandonar seus valores fundamentais, mas de ajustar a expressão desses valores para permanecer relevante e competitivo. Assim como a essência do camaleão permanece inalterada, enquanto sua aparência se adapta, com você precisa acontecer o mesmo: sua identidade central deve permanecer firme enquanto você evolui para navegar no ecossistema presente.

B DE BIODIVERSIDADE: ABRAÇANDO SEU NICHO ÚNICO

A biodiversidade é a maneira pela qual a natureza garante resiliência e equilíbrio. No campo da marca pessoal, compreender e abraçar seu nicho único

---

[43] CAJUCOM, J. A ciência da marca pessoal: lições da perspectiva de um biólogo. **LinkedIn**, 8 dez. 2023. Disponível em: www.linkedin.com/pulse/science-personal-branding-lessons-from-biologists-cajucom-cldp-ws2lf/. Acesso em: 7 jul. 2024.

desempenha um papel semelhante. Assim como um ecossistema próspero é composto de uma variedade de espécies, o mundo profissional se beneficia da diversidade de talentos, perspectivas e experiências.

Pense em você como uma espécie única no vasto ecossistema da sua indústria. O que você traz de diferente? Talvez seja sua abordagem um pouco esplendorosa, nada convencional, um conjunto diversificado de habilidades ou uma nova perspectiva sobre antigos problemas. Abraçar seus atributos únicos permite que você se destaque em um campo lotado, como uma rara orquídea em uma densa floresta tropical.

C DE COEVOLUÇÃO: CRESCENDO COM SUA REDE

A coevolução refere-se à influência evolutiva mútua entre duas espécies. Na marca pessoal, podemos traduzir isso em construir e crescer com sua rede. À medida que você evolui, suas conexões também evoluem, criando uma relação simbiótica que beneficia todos os envolvidos.

Todos conhecemos a relação entre flores e abelhas. As abelhas se alimentam do néctar das flores, enquanto as flores dependem das abelhas para a polinização. Em sua rede profissional, cultivar relacionamentos pode levar a novas oportunidades, colaborações e crescimento.

É isso, a natureza nos ensina a importância da adaptabilidade, da singularidade e da interconectividade. Aplicar esses princípios naturais certamente levará você a construir um ecossistema mais coeso e uma marca pessoal mais resiliente, única e próspera.

Mas lembre-se: esse é um processo contínuo. Mantenha o compromisso com a autenticidade e a consistência e, com o tempo, você verá o impacto positivo na reputação e no sucesso da sua marca. Acredite: investir em seu ecossistema trará resultados positivos, não somente pensando em sua marca pessoal, mas também em sua atuação na busca por uma sociedade e um futuro melhor para todos nós!

CAPÍTULO 13

ORQUESTRANDO TEMPO E METAS

Alta performance não é apenas sobre trabalhar mais duro, mas sobre trabalhar de maneira mais inteligente, extraindo o máximo de valor de cada decisão e ação.

Imagine a satisfação ao ver sua marca pessoal brilhar intensamente, refletindo não apenas quem você é, mas também o legado que você está construindo. É em busca de vivenciarmos esse momento mágico que chegamos até aqui, ao ponto culminante do nosso método, o *grand finale*: fazer as coisas acontecerem!

Ao longo do livro, mergulhamos na arte e na ciência do branding pessoal. Compartilhei com você todas as estratégias e técnicas que aprendi e apliquei na construção da minha marca pessoal, desde o "batismo" inicial no autoconhecimento e o despertar para o propósito que nos guia, tendo clareza da assinatura que queremos deixar no mundo. Verificamos como a autoridade pode ser um catalisador, ajudando a sermos cada vez mais notados e percebidos. Vimos também como gerar conexões repletas de propósito, zelar pela nossa reputação, gerenciar crises e conectar temas essenciais de ESG a nossa marca pessoal. Ufa! Que trajetória repleta de aprendizados, até chegarmos ao último passo do método Brandformance, não é mesmo?

Agora é o momento de falarmos sobre performance. Sim, porque a verdadeira transformação acontece quando conectamos uma base sólida com a alta performance.

Alta performance não é apenas sobre trabalhar mais duro, mas sim sobre trabalhar de maneira mais inteligente, extraindo o máximo de valor de cada decisão e ação. Eu sempre trabalhei muito duro e posso afirmar que não conheço muitas pessoas de sucesso que não fazem o mesmo. No entanto,

A VERDADEIRA TRANSFORMAÇÃO ACONTECE QUANDO CONECTAMOS UMA BASE SÓLIDA COM A ALTA PERFORMANCE.

BRANDFORMANCE

@RESPALLICCI

há uma enorme diferença entre simplesmente trabalhar duro e trabalhar de forma estratégica.

Muitas pessoas passam a vida inteira dedicando cada momento ao trabalho, apenas para descobrir, no final da jornada, que negligenciaram outras áreas igualmente importantes de suas vidas.

Compartilhei com você, logo no começo deste livro, a história da Claudia e sua "vida sem crachá", um termo que ela usou para descrever o momento em que deixou a carreira corporativa e se viu sem seu sobrenome corporativo. Desde então, Claudia tem ajudado milhares de pessoas que passam pela mesma situação: ao se aposentarem ou saírem de suas funções, sentem-se perdidas e sem identidade. Essas pessoas usaram por muitos anos apenas o sobrenome corporativo, construindo toda a sua existência ao redor de uma identidade profissional ligada a uma corporação, muitas vezes esquecendo de cultivar relações pessoais, hobbies e negligenciando até mesmo o cuidado com a própria saúde.

Esse fenômeno de viver uma vida sem crachá é um lembrete poderoso sobre a importância de se ter clareza de propósito e metas claras. Quando você tem objetivos bem definidos e os coloca no centro de todas as suas ações, você não apenas trabalha duro, mas de maneira estratégica. Cada meta, cada objetivo, é uma peça cuidadosamente posicionada no quebra-cabeça maior da sua vida e da sua marca pessoal. Sem essa clareza, corremos o risco de deixar a vida nos levar, de nos perdermos em uma ilusão de sucesso momentâneo, apenas para descobrirmos, no final, que chegamos a um destino que não era o que, de fato, buscávamos e queríamos.

É o equilíbrio entre trabalho duro e inteligência estratégica que nos permite construir um legado verdadeiro e significativo, que ressoe além das fronteiras de nossa carreira profissional e toque todas as áreas importantes de nossa vida.

Ao longo deste capítulo, quero explorar com você como integrar essas metas com sua estratégia de branding para criar uma sinergia poderosa. Vamos desvendar técnicas práticas para alcançar alta performance, gerenciar seu tempo de maneira estratégica e manter o foco nas prioridades certas.

Prepare-se para descobrir como a alta performance pode amplificar a sua marca pessoal, transformando desejos em conquistas. Este é o ápice da sua jornada, quando cada esforço se alinha para criar um impacto verdadeiramente extraordinário.

EQUILIBRANDO METAS EM TODAS AS ÁREAS DA VIDA

Quando falamos sobre prosperidade pessoal, exploramos a roda da vida, abordando a importância de avaliar e entender as diversas áreas que compõem nossa existência. Agora, quando abordamos especificamente metas, é crucial ter clareza sobre o que se deseja alcançar em cada dimensão da vida, ser bem específico. Cada uma das áreas merece nossa atenção e dedicação para que possamos crescer de maneira harmoniosa.

Um estudo abrangente,[44] publicado no renomado *Journal of Personality and Social Psychology*, enfatizou que a busca por equilíbrio é uma pedra angular para a felicidade e o bem-estar geral. Essa pesquisa envolveu uma análise longitudinal de dados coletados de mais de 5 mil pessoas ao longo de cinco anos, mostrando que aqueles que direcionam seus esforços para múltiplas áreas da vida – como carreira, relacionamentos, saúde e hobbies – reportam níveis significativamente mais altos de bem-estar geral. Além disso, esses indivíduos apresentam uma incidência menor de estresse e ansiedade. Os autores do estudo explicam que o sucesso em uma área pode atuar como um amortecedor emocional, ajudando a compensar dificuldades em outras áreas e criando uma rede de suporte interna que promove uma resiliência maior frente aos desafios da vida.

Pense nos relacionamentos, na qualidade de vida profissional e pessoal como componentes essenciais dessa jornada.

Comece pelos relacionamentos. É importante estabelecer metas específicas e mensuráveis, como passar tempo de qualidade com a família, planejar encontros regulares com seu parceiro e participar de atividades sociais. Por exemplo, comprometa-se em organizar um jantar semanal

---

44 HARRIS, M. A.; ORTH, U. The Link Between Self-Esteem and Social Relationships: A Meta-Analysis of Longitudinal Studies. **Journal of Personality and Social Psychology**, 26 set. 2019. Doi: http://dx.doi.org/10.1037/pspp0000265.

com a família ou marcar uma viagem anual para que criem memórias juntos. Estabeleça prazos e valores claros: "Organizar um jantar familiar toda sexta-feira" ou "Planejar e realizar uma viagem em família em dezembro".

Em relação à qualidade de vida, defina metas que tragam alegria e relaxamento, também definindo datas e valores. Não se esqueça de que seus hobbies e o que você faz em seu tempo livre também compõem quem você é, sua marca pessoal e seu ecossistema. Então, dedique tempo a hobbies que lhe tragam prazer, pratique *mindfulness* ou meditação regularmente e envolva-se em práticas espirituais que ressoem com você. Um exemplo seria comprometer-se a pintar uma tela por mês ou meditar diariamente por quinze minutos.

No campo profissional, alinhe suas metas com seu propósito e paixão, sendo claro sobre os objetivos e prazos. Estabeleça metas como alcançar novos marcos na carreira ou investir em seu desenvolvimento, seja economizando para cursos ou participando de projetos sociais. Por exemplo, fazer um curso de liderança ou se voluntariar em uma ONG que você apoia.

Na esfera pessoal, cuidar da saúde e disposição física é fundamental. Estabeleça metas específicas, como manter uma rotina de exercícios e uma alimentação equilibrada. Invista em cursos e leituras que ampliem seu conhecimento e pratique atividades que promovam bem-estar emocional. Por exemplo, decida correr uma maratona no próximo ano ou aprender um novo idioma.

É essencial entender que, em diferentes momentos da vida, algumas áreas podem demandar mais atenção do que outras. A chave é não negligenciar uma área por muito tempo, mas ajustar o foco conforme necessário. Por exemplo, este ano decidi fazer um curso para me tornar conselheira e aperfeiçoar-me em governança de empresas familiares. Para isso, precisei momentaneamente deixar de lado algumas atividades sociais e recreativas. Esse sacrifício temporário foi essencial para alcançar uma meta específica que, a longo prazo, contribuirá significativamente para minha realização profissional e pessoal.

Outro exemplo é a minha meta de escrever um livro por ano, estabelecida em 2022. Dedicar períodos específicos do ano para a escrita implica abrir mão de várias atividades. Durante esses momentos, minha vida social e algumas atividades pessoais são colocadas em segundo plano. No entanto, ao completar a meta e entregar o manuscrito para a editora, retomo o equilíbrio da minha vida, reassumindo meus objetivos gerais.

Equilibrar todas essas áreas é como fazer malabarismo com várias bolas, em que cada bola representa uma área importante da vida. Em alguns momentos, precisamos lançar uma bola mais alto para focar em outras, sem deixar nenhuma cair por muito tempo. Esse trabalho exige flexibilidade e capacidade de reajustar prioridades constantemente.

DEFININDO METAS DO MACRO AO MICRO

No capítulo sobre prosperidade pessoal, fizemos um exercício de projeção de cinco anos. Esse exercício nos ajuda a visualizar onde queremos estar em um futuro não tão distante, mas significativo. No entanto, olhar apenas para o grande objetivo pode ser avassalador. Parece tão distante que muitas vezes não sabemos por onde começar.

A chave é dividir esse objetivo macro em partes menores e mais manejáveis. Comece transformando o objetivo de cinco anos em metas anuais. Depois, dívida essas metas anuais em objetivos mensais e, por fim, em tarefas semanais. Cada semana, você deve ter ações específicas que, quando somadas, conduzem você para mais perto do seu objetivo anual. Esse processo torna seus objetivos mais factíveis e menos intimidadores.

Uma situação real que ilustra bem a importância de vermos nossos objetivos é o que normalmente acontece com os alpinistas. Você sabia que quando um alpinista tem a visão do topo da montanha ele tende a caminhar mais do que quando não tem?

Avistar o topo da montanha proporciona uma injeção de motivação e adrenalina, renovando a energia e impulsionando a seguir em frente com mais vigor. Quando o alpinista vê o cume, a percepção do esforço diminui e o caminho parece mais fácil, permitindo-lhe concentrar totalmente no objetivo final. A confirmação visual de progresso fortalece a confiança e a determinação, ajudando a superar obstáculos e manter o ritmo. Assim como os alpinistas aceleram ao ver o topo da montanha, visualizar nossos objetivos nos mantém focados, determinados e prontos para alcançar nossas conquistas.[45]

É crucial ter objetivos grandes, ousados e audaciosos. Estudos mostram que metas desafiadoras, mas alcançáveis, podem aumentar significativamente a motivação e o desempenho. A teoria de definição de metas de Edwin Locke e Gary Latham, conhecida como Goal Setting Theory,[46] é uma das mais influentes na psicologia organizacional e do trabalho. Essa teoria destaca que metas específicas e desafiadoras levam a um melhor desempenho, resultando em um impacto mais significativo e duradouro, do que metas fáceis ou vagas. Metas claras fornecem uma direção específica e uma referência concreta para medir o progresso, o que é essencial na construção de uma marca pessoal sólida. Quando os objetivos são bem definidos, eles proporcionam um senso de propósito e direção, aumentando a motivação e o esforço.

O comprometimento com a meta é outro aspecto crucial. Quanto mais comprometidas as pessoas estão com suas metas, maior é o esforço e a persistência que elas dedicam. Esse comprometimento é influenciado pela importância percebida da meta e pela confiança na própria capacidade de alcançá-la, conhecida como autoeficácia.

Para exemplificar, pense na meta de aumentar a visibilidade da sua marca pessoal em 20% nos próximos seis meses, utilizando estratégias de marketing digital e networking. Essa meta é específica, desafiadora, mensurável e tem um prazo definido. Ela não apenas incentiva o compromisso com o objetivo mas também promove o desenvolvimento de novas habilidades e estratégias, como a gestão eficaz de redes sociais e a construção de conexões valiosas.

Mas atenção: ter objetivos e metas ousadas não significa que não vamos descansar ou nos divertir. Esse é um paradigma que precisamos eliminar.

[45] LOCKE, E. A.; LATHAM, G. P. Building A Practically Useful Theory of Goal Setting And Task Motivation: A 35-year Odyssey. **American Psychologist**, v. 57, n. 9, p. 705-717, 2002.
WEINBERG, R. S.; GOULD, D. Foundations of Sport and Exercise Psychology. **Human Kinetics**, 2014.
CROCKER, P. R. E.; GRAHAM, Timothy. Goal Setting and Performance in Sport. **Journal of Sport & Exercise Psychology**, v. 17, n. 2, p. 162-171, 1995.

[46] LOCKE, E. A.; LATHAM, G. P. **Goal Setting**: A Motivational Technique that Works. Prentice Hall, 1990.

Como já vimos, é preciso harmonia entre as áreas pessoais também. Assim, o descanso e o lazer são componentes essenciais da alta performance. Eles nos permitem recarregar as energias, manter a saúde mental e física e, desse modo, garantir que estamos prontos para dar o nosso melhor quando necessário. O equilíbrio entre trabalho e lazer é o que nos permite sustentar a alta performance a longo prazo.

CONECTANDO ALTA PERFORMANCE DE MARCA PESSOAL COM REDES SOCIAIS

Já comentei aqui neste livro que marca pessoal não se restringe às redes sociais. Mas é igualmente verdade que, hoje em dia, não podemos falar em alta performance de marca pessoal sem falarmos delas. Afinal, as redes surgem como ferramentas poderosas para potencializar essa construção, oferecendo uma plataforma global para expressão, conexão e influência. A sinergia entre uma marca pessoal robusta e a presença estratégica nas redes sociais pode transformar carreiras, negócios e legados pessoais. Assim, a presença nas redes sociais é fundamental para qualquer pessoa que deseja ter uma marca pessoa forte, se destacar e engajar seu público.

No entanto, estar presente por si só não é suficiente.

Eu comecei a criar conteúdo de forma profissional para redes sociais há uma década. Desde então, muita coisa mudou. Mas vejo que, para quem não está realmente mergulhado no digital, alguns mitos se perpetuaram e viraram crenças que hoje atrapalham quem quer começar a produzir conteúdo.

A pior delas é a que você tem que estar em todas as redes sociais. Não concordo, isso não é estratégico. Mais importante do que estar em todas as redes é você fazer uma leitura adequada do seu público para entender onde ele está e o que consome.

E falta estratégia não só de posicionamento, mas de conteúdo, de performance, e por aí vai. Entendam: redes sociais sem estratégia são como um barco à deriva, incapaz de chegar a um destino. Então, para que você não desperdice energia e recursos, é essencial desenvolver uma estratégia alinhada com os objetivos da sua marca pessoal.

Aposto que você está presente em umas duas ou três redes sociais e que publica ali conteúdos sobre seu trabalho, hobbies e/ou vida pessoal. O que vai mudar daqui para a frente é que você vai começar a ser intencional! Daqui a pouco, vamos falar de equipe, identidade visual etc. Mas isso só vai ser efetivo quando sua estratégia estiver bem desenhada. A partir de agora, cada postagem, comentário e interação que você fizer em suas redes sociais devem ser intencionais e direcionados para alcançar esses objetivos.

Então, reflita em cima de perguntas como: Você deseja aumentar a visibilidade da sua marca? Engajar com seu público-alvo? Promover uma causa? Traduza para suas redes sociais tudo o que já viu e os objetivos que definiu quando falamos de prosperidade pessoal, ESG e ecossistema. Lembre-se: sem objetivos claros, suas ações nas redes sociais serão dispersas e ineficazes.

Vou apresentar para você técnicas de planejamento que aplico com a minha equipe nas minhas redes socais. Mas deixo claro que essas ferramentas são apenas para facilitar sua rotina e garantir a aplicação da sua estratégia para alcançar o seu objetivo. Redes sociais são canais "quentes", de assuntos factuais e cada vez mais de tendências (as famosas "trends").

É importante o monitoramento contínuo das tendências, pois lhe permite adaptar sua estratégia de acordo com o que está em alta nas redes. Quando você consegue captar esses temas e conectá-los com o seu universo, mostrando como sua marca pessoal está alinhada com essas questões, pode fortalecer seu posicionamento e relevância no mercado.

Vou usar como exemplo aqui o ESG. Tivemos um capítulo inteiro dedicado ao tema porque eu bato na tecla de que quem amarra verdadeiramente sua marca pessoal e propósito ao tema está mais preparado para o futuro. Por exemplo, se a algo ligado à sustentabilidade está em alta, demonstre como suas práticas pessoais ou corporativas refletem esse compromisso. Isso não só aumenta sua credibilidade, mas também ressoa com um público cada vez mais consciente e exigente.

Outro ponto crucial é entender e combater seus "inimigos" de marca. Lembra quando falamos do conceito de primal brand e sobre a importância de identificar adversários e usar essa oposição para fortalecer seu próprio posicionamento? Quando o assunto é redes sociais, aplicar essa tática torna a estratégia ainda mais eficaz, porque, no ambiente das redes, a resposta é muito mais rápida. Você consegue aproveitar o hype ao mesmo tempo que o público se conecta com o significado da mensagem.

Importante compreender que seus "inimigos" podem ser concorrentes diretos, ideias contrárias ou desafios sociais e ambientais. Ao criar conteúdos que abordem essas questões, você não apenas se diferencia, mas também engaja seu público de maneira mais profunda. Se você não faz isso, está perdendo uma oportunidade de ouro de criar um relacionamento com seu público em um nível mais emocional e significativo.

Trazendo mais um exemplo: se você está no setor de moda sustentável, seus inimigos podem ser as práticas de *fast fashion*. Criar conteúdos que educam seu público sobre os impactos negativos desta modalidade de moda e os benefícios da sustentável, não só posiciona sua marca como uma alternativa ética, mas também cria um senso de comunidade entre aqueles que compartilham dos mesmos valores. Isso transforma seus seguidores em defensores apaixonados pela sua causa.

EXECUTANDO A ESTRATÉGIA

Mas, afinal, como colocar tudo isso em prática?

Percebo que é nesse ponto que as pessoas têm mais dificuldades... e é também aqui que elas costumam desistir. Quando você não tem uma estratégia ou não a aplica com constância, os resultados não aparecem. E isso é desestimulante.

Outro erro frequente é deixar a criação de conteúdo em segundo plano, sem ser uma prioridade. Se esse é o seu caso, lamento informá-lo, mas você não terá resultados! O sucesso nas redes sociais, como em outras áreas da sua vida, está ligado ao comprometimento, à frequência, à resiliência e ao timing!

Vou compartilhar com você um pouco desse operacional que me ajudou e ajuda até hoje a ser tão ativa nas redes sociais. Foi aplicando essas ferramentas e técnicas que consegui:

- conquistar mais de 1,5 milhão de seguidores no Instagram;
- ser *Top Voice* no LinkedIn;
- ter um blog com mais de mil artigos publicados;
- criar uma newsletter no LinkedIn com mais de 25 mil pessoas superqualificadas;

- me tornar best-seller de dois livros através da minha influencia (e espero que este livro seja o meu próximo!).

Vamos, então, explorar em profundidade os pilares que sustentam uma presença digital robusta e eficaz?

GUIA ABRANGENTE PARA A EXECUÇÃO DA SUA ESTRATÉGIA

Comece definindo sobre o que você vai falar. Criar editorias de conteúdo ajuda a organizar e diversificar suas postagens, conferindo estrutura e identidade ao seu perfil. Você pode defini-las com base nos interesses do seu público e nos objetivos da sua marca pessoal.

Também recomendo que dê um peso para cada uma dessas editorias, distribuindo em porcentagens o quanto cada uma representará no total do seu conteúdo. Isso ajudará a definir quais são suas metas de volume de conteúdo, fortalecer estrategicamente seu posicionamento e a manter um fluxo constante de conteúdo diversificado.

Quer ver uma ideia de conteúdo que dá supercerto? Pegar emprestado a autoridade e a audiência de pessoas que já são relevantes dentro e fora do seu nicho de atuação e que estejam alinhadas com o propósito e objetivos da sua marca pessoal. Por exemplo: se você estiver participando de um evento, aproveite a oportunidade de associar sua imagem à de outras pessoas. Nessas ocasiões, garanta uma foto ou um vídeo com aquela pessoa que é influente, que construiu autoridade e que se destaca. Isso aumenta a visibilidade e a credibilidade da sua marca pessoal.

Além disso, é importante adotar um calendário de conteúdo. Ele é a espinha dorsal da sua estratégia de redes sociais, pois organiza e planeja as postagens, garantindo consistência e relevância. Recomendo que você comece com um calendário macro mensal e vá desdobrando semana a semana. Dessa maneira, consegue garantir que terá conteúdo relevante e ainda inserir na sua programação temas mais quentes.

Atente também à frequência das suas postagens. As redes sociais tendem a privilegiar os criadores de conteúdo mais frequentes (embora essa não seja uma informação oficial). Cada rede social e cada perfil têm uma frequência ideal, e não tem jeito: a melhor maneira de descobrir a sua para cada rede é testar, testar e testar.

Saliento que, mesmo que a frequência seja importante, a consistência é ainda mais! Por isso, todo cuidado é pouco para não postar conteúdo raso e sem conexão com a sua marca e com os significados dela só para "cumprir tabela". Se não puder ter frequência com qualidade, é melhor não postar para não atrapalhar as métricas – assunto do capítulo 13, quando vou falar sobre performance.

Para ajudar você na estruturação do calendário mensal, use os temas das suas editorias, mas também identifique temas e datas importantes, liste eventos, datas comemorativas e marcos relevantes para sua marca e seu público. Isso ajudará a planejar conteúdos temáticos e oportunos.

É importante olhar o todo para garantir o equilíbrio entre diferentes tipos de conteúdo (informativo, educativo, promocional) e formatos (vídeos, imagens, textos) ao longo do mês. Certifique-se de utilizar os recursos de interação que cada rede lhe oferece. Ao fazer isso, você não apenas melhora a entrega do seu conteúdo, como ainda engaja mais facilmente com seu público.

Mas não adianta ter conteúdos prontos e não postar para o seu público, não é mesmo? Para garantir a publicação das suas postagens mesmo nos dias mais corridos, use ferramentas de agendamento. Elas permitem agendar postagens com antecedência, economizando tempo e garantindo consistência. Existe uma gama dessas ferramentas disponível hoje e por valores acessíveis.

Pense também em sua estrutura e em quem estará ao seu lado. A verdade é que ninguém chega a lugar nenhum sozinho. Pode parecer clichê, mas é essencial entender isso se você pretende escalar sua presença no digital. Para crescer e se destacar, é essencial ter uma equipe especializada que traga conhecimentos técnicos e criativos.

Existem diversas formas para você construir um time. Eu elenquei aqui três configurações de equipe que se adaptam a diferentes necessidades e que podem ajudar você em diferentes fases.

Início da jornada: Se você está muito no início da sua jornada com criação de conteúdo e marca pessoal, a prioridade precisa ser reforçar sua identidade e trazer à tona a sua autenticidade, aquilo que o diferencia das outras pessoas que já produzem conteúdo na sua área. Então, no começo, concentre-se em estabelecer uma identidade visual forte, contrate um designer que criará para você logotipos, paletas de cores e layouts consistentes que reflitam a essência da sua marca pessoal. O conteúdo pode ser criado por você, alinhado à estratégia estabelecida, e ser materializado por esse profissional, que também pode contribuir com edição de imagens e vídeo, um formato essencial hoje nas redes.

Ganhando robustez e flexibilidade: Quando puder, procure ajuda externa para a criação de conteúdo. Além do designer, agências ou consultores especializados podem desdobrar a sua estratégia em conteúdos coerentes e atraentes. Isso libera seu tempo para focar em outras frentes, garantindo que sua presença nas redes sociais permaneça ativa e relevante. Nesse caso, é sempre importante acompanhar de perto o trabalho desses profissionais, garantindo que os conteúdos não perderão a sua essência e que continuam alinhados com seus objetivos. Aproveite para se dedicar mais aos conteúdos factuais, já que a base da sua comunicação on-line estará garantida.

Profissionais dedicados: O cenário que eu considero ideal é ter uma equipe dedicada. Minha equipe hoje é composta de quatro profissionais dedicados: um designer, um conteudista responsável pelos conteúdos da Apsen que me apoia na cobertura da minha rotina dentro da empresa, uma social media que me apoia no desdobramento da estratégia e conteúdos de maior profundidade e relevância, já que também me comunico nas redes sociais com profissionais e executivos de nível mais sênior, além de um assistente que fica de apoio operacional para todo o time.

Cada uma dessas pessoas antes de começar efetivamente a colocar a mão na massa e começar a trabalhar comigo teve que mergulhar no meu ecossistema, entender todas as conexões que fazem parte dele, compreender profundamente quem eu sou, qual o meu propósito, como me posiciono perante as causas que abraço. E não só isso, é um mergulho tão profundo que abrange pontos como meu jeito de falar, o vocabulário que costumo usar, como interajo com as pessoas ao meu redor. Enfim, todos os detalhes que compõem não só minha marca pessoal, mas quem eu sou em essência.

Eu busco nas pessoas que trabalham comigo não só assertividade do planejamento até a execução, eu vou além das qualidades técnicas, eu quero aquelas pessoas que acreditam também no meu sonho, que brilhem os olhos quando sonham junto comigo. E não achem que isso é fácil e que acontece num passe de mágica. É preciso tempo, muita convivência e dedicação de ambas as partes.

Hoje, eu construí um time que tem tanta sinergia comigo que eles entendem plenamente a grande responsabilidade que cada um deles carrega ao falarem por mim em diversas situações, já que, ao passar dos anos, as minhas redes sociais e meu alcance on-line cresceram tão exponencialmente que não consigo sozinha ter uma visão do todo. Por isso, eles são meus olhos e, como sabem que valorizo muito as interações humanas, me posicionam de absolutamente tudo que acontece nas minhas redes e especialmente me alimentam de todo carinho que recebo, inclusive trazendo mensagens e contribuições individuas de pessoas que me acompanham.

Dentro da rotina que estabelecemos, eu aprovo os conteúdos, dou os meus pitacos, envio insights diariamente, acompanho performance e tento tirar sempre alguns minutos do dia para interagir com quem está nas minhas redes. Isso é algo que amo e faço questão de fazer.

Essas são algumas sugestões para que você fortaleça sua presença digital, mas, claro, existem outras ações que você pode adotar para potencializar seus resultados, como tráfego pago e impulsionamento de conteúdo. Tudo depende do quanto você pode investir e da velocidade com que deseja chegar a determinados marcos.

Cada objetivo alcançado é um degrau na escada de fortalecimento da sua marca pessoal, levando você para mais perto do seu verdadeiro potencial. Mas não se engane: o caminho para a excelência não é linear, e os desafios inevitavelmente surgirão. Esses momentos de adversidade são oportunidades disfarçadas, prontos para testar sua determinação e resiliência. É nesses momentos que a verdadeira essência da sua marca pessoal brilha.

Portanto, continue a traçar metas ousadas, medir seu progresso com precisão e ajustar suas estratégias conforme necessário. Com dedicação, autenticidade e uma visão clara, você estará não apenas construindo uma marca pessoal forte como também deixando um legado duradouro.

Lembre-se: busque seu propósito, deixe seu legado! O mundo está pronto para ser impactado pela sua melhor versão.

CAPÍTULO 14

SUA HISTÓRIA, SEU LEGADO

Construir uma marca pessoal autêntica é o primeiro passo para deixar um legado significativo. Que sua marca inspire, influencie e transforme positivamente as vidas ao seu redor.

Pare de esperar pelo dia perfeito, a hora certa, o momento ideal... porque o ideal pode nunca chegar. Adiar o início dos seus planos é adiar o sucesso que você tanto almeja.

Assim como cada um de nós é único em nosso DNA, em sua impressão digital, em sua individualidade, acredito que o processo de construção de uma marca pessoal também siga esse mesmo padrão. Mas, respeitadas as particularidades de cada história e de cada jornada, há um caminho principal a se percorrer que eu acredito que passe pelas ruas e avenidas que me esforcei em sedimentar nas páginas desta obra!

Quando decidi escrever este livro, fui profundamente motivada por mensagens e confissões de pessoas do meu círculo pessoal e profissional que demonstravam interesse genuíno em construir suas marcas pessoais, mas enfrentavam medos, inseguranças, dificuldades e dúvidas. Sentimentos que eu conhecia muito bem, afinal, também passei por todos eles ao longo da construção ainda em progresso de minha marca pessoal!

Sim, porque, aos olhos de alguns, pode parecer que a construção da marca Renata Spallicci foi e é um processo linear e ascendente. No entanto, como mostrei ao longo deste livro, tive que lidar com todos as emoções características de quando nos lançamos em um novo desafio. Meu caminho até aqui (que eu acredito não ser ainda o ponto de chegada) foi marcado por altos e baixos, desvios inesperados e, acima de tudo, por um aprendizado contínuo e uma determinação inabalável.

Se houve obstáculos enfrentados em cada curva no trajeto, houve também oportunidades para aprender e crescer, e tudo isso moldou e ainda molda a profissional e a pessoa que sou hoje e que serei no futuro.

ELA, A PAIXÃO

É essencial citar esse elemento único e vital para o sucesso desta empreitada! Foi a paixão pela construção de uma marca pessoal com propósito que me levou a seguir superando cada desafio enfrentado ao longo do caminho. Essa mesma chama de paixão que me impulsionou agora a compartilhar minha própria jornada e desenvolver o método Brandformance.

Inseguranças, dúvidas, medos e incertezas surgirão em seu caminho, mas tenho a certeza de que, tendo este livro como um guia, você terá elementos testados e aprovados para ajudá-lo a sempre achar a melhor saída! E, claro, a fortalecer a sua paixão por quem você é, pelo seu propósito, pela sua marca.

O que busquei colocar nas páginas deste livro, com todo o meu carinho, apreço e motivação, foi tudo aquilo que eu almejava ter encontrado quando estava começando a minha trajetória na construção de minha marca pessoal.

Consolidei uma coleção de ferramentas práticas que realmente funcionaram para mim, eliminando diversas tentativas frustradas, erros cometidos e conselhos sem fundamento. Espero que, com isso, você possa traçar seu caminho com menos obstáculos.

Para aqueles que embarcam agora na jornada de construir sua marca pessoal, ou que continuarão nessa caminhada após ler este livro, me arrisco a dizer que aqui encontraram inspiração e, sobretudo, que tiveram a oportunidade de compreender ferramentas e técnicas que poderão utilizar alinhando-as a seu propósito, autenticidade e intencionalidade. E isso me deixa extremamente feliz!

UM CAMINHO DE CELEBRAÇÃO

Desde o início, tive uma vontade clara e determinada de transformar meus planos e sonhos em realidade. A cada passo, desafiei-me a manter um alto desempenho, buscando sempre a excelência e a inovação. Eu não queria só ser diferente, mas também fazer a diferença. Esse sempre foi o meu propósito. E tenho certeza de que você também já encontrou ou encontrará o seu.

Ao longo da minha jornada, tive a oportunidade de aprender que ser autêntica não apenas ressoa mais profundamente com as pessoas como também constrói uma base de confiança e credibilidade. Mas isso não quer dizer que esse seja o caminho mais fácil! Nadar contra a corrente, como a própria imagem explicita, sempre é mais cansativo e desafiador, mas os resultados também são mais compensadores!

Por isso, celebro minha resiliência em seguir em frente mesmo com tantos obstáculos e, confesso, diversas críticas. Celebro minha persistência de não ceder ao mais fácil e de apelo momentâneo. Porque essa determinação permitiu que eu construísse minha marca da forma como eu a sonhei e não simplesmente como algo embalado para o mercado ou para agradar a todos!

Por isso, celebro a sua presença aqui, terminando esta leitura. Se você chegou até esta linha é porque está disposto a, de fato, ser fiel a si mesmo e a permitir que sua singularidade brilhe. E isso é especial demais!

Aceite a minha provocação: inicie agora mesmo a aplicação das ferramentas que apresentei ao longo do livro. Não espere mais pelo dia perfeito, a hora certa, o momento ideal... porque o ideal pode nunca chegar e deixar para amanhã o início dos seus planos só adiará o sucesso que você tanto almeja.

Siga por esse caminho de forma leve, desfrutando a paisagem e o trajeto! Desejo de todo o coração que encontre a mesma satisfação e realização que encontrei em minha jornada e que sua marca pessoal se torne um reflexo autêntico de quem você é, do propósito que carrega em seu coração e do legado que deseja deixar no mundo.

Na minha meta de escrever um livro ao ano, espero, de verdade, poder um dia voltar a este tema, mas desta vez contando o seu case de sucesso. E poderei narrar com orgulho que este livro lhe serviu como guia, inspiração e motivação para a construção e solidificação da sua marca pessoal de sucesso! Aceita o desafio?

Este livro foi impresso
em papel pólen bold 70g/m² pela
Edições Loyola em outubro de 2024.